Suivi éditorial et relecture : Sophie Guibout
Maquette : Sébastienne Ocampo
Illustrations : Fotolia

29 boulevard Raspail
75007 Paris – France
ISBN : 979-10-285-1213-2

DOROTHÉE VAN VLAMERTYNGHE
SOPHIE LEMMONIER

Préface de Rosalie Chancerelle, diététicienne-nutritionniste

365 SOUPES SANTÉ DÉTOX

Des recettes saines, faciles
et rapides pour toute l'année !

LEDUC.S
PRATIQUE

PRÉFACE

Après « Mange ta soupe pour grandir ! », « Mange ta soupe pour bien te porter » est devenu la devise de tous ceux qui prennent en charge leur forme et leur bien-être.

Les scientifiques du XXIe siècle attachent de plus en plus d'importance aux bienfaits d'une alimentation choisie sur notre santé.

Il est évident aujourd'hui que la soupe a bien des vertus. La toute première est d'apporter à l'organisme le liquide si indispensable à la vie : l'eau de la soupe, enrichie d'arômes et de nutriments qui participent au bon fonctionnement de notre organisme.

Les légumes laisseront diffuser leurs vitamines, minéraux, et oligoéléments. Les autres ingrédients tels que les différentes viandes, les poissons et même les légumineuses apporteront en plus, leurs protéines et leurs lipides essentiels à notre équilibre.

La soupe est un véritable atout santé !

N'oublions pas la gourmandise. La soupe banale qui avait tout d'une punition a bien changé. Elle est devenue un plaisir, à déguster en solo ou à partager en famille et entre amis, car elle sait être raffinée et élégante.

Ce livre vous le démontre en 365 recettes, classiques ou inventives, légères ou nourrissantes, pour tous les jours de l'année et toutes les occasions, au gré des saisons et de vos envies.

Découvrez les gaspachos, les bouillons, les nages, les veloutés, les soupes sucrées pour une année de plaisir et de santé.

Rosalie Chancerelle
Diététicienne nutritionniste

SOMMAIRE

À VOS MARMITES !

La soupe est de retour sur nos tables ! C'est une bonne nouvelle, car elle fait l'unanimité.
Familiale, elle rassure les mères de familles.
Raffinée, elle enchante les gourmets.
Classique, elle nous rappelle notre enfance.
Économique, elle ménage nos finances.
Originale, elle nous fait découvrir des associations nouvelles.
Tendance, elle nous initie aux nouveaux codes de la gastronomie.

Végétarienne ou délibérément légère, elle préserve notre santé, notre forme et notre ligne en nous apportant vitamines, sels minéraux et fibres dont notre corps a tant besoin.
Fraîche ou glacée, elle nous désaltère en été.
Chaude, elle nous réhydrate et nous réconforte en hiver.
Douceur, elle est la touche glamour d'un repas réussi et s'invite même au brunch.

Avantage non négligeable, la soupe est facile à préparer, et littéralement inratable.

La soupe est devenue la star de notre alimentation santé. Essayez, vous ne pourrez plus vous en passer !
Dans ce livre, vous avez 365 bonnes raisons de craquer de plaisir pour une soupe détox, santé, gourmande et facile à réaliser. À servir en famille, en tête à tête, et même pour épater vos amis. On parie ?

LES BONNES RAISONS DE METTRE LA SOUPE AU MENU

La soupe parade sur nos tables, et pas seulement pour nos dîners en famille. Elle s'invite dans le monde ! Il faut dire qu'elle a tout pour séduire.

La santé

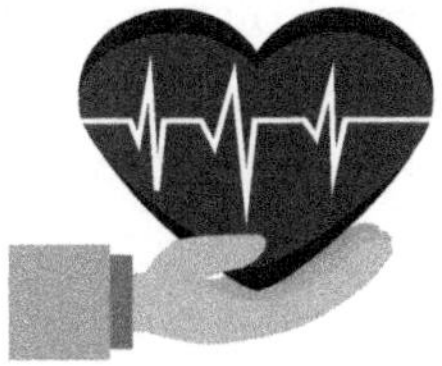

Vitamines, sels minéraux et fibres sont au rendez-vous pour drainer et purifier notre organisme, le dynamiser en douceur. On se réconcilie avec les légumes dont la consommation est recommandée par l'ensemble du corps médical. Les antioxydants qu'ils contiennent nous protègent des maladies graves et du vieillissement prématuré.

La minceur

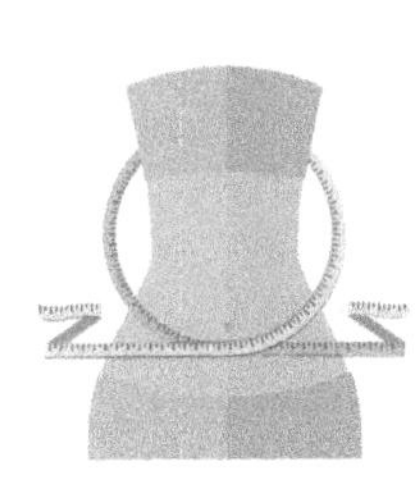

Les légumes sont peu caloriques, mais apportent une sensation de satiété qui permet de limiter la consommation d'autres aliments moins bénéfiques pour la santé. Après une belle assiette de soupe aux légumes secs, vous serez sans doute peu tenté d'engloutir une entrecôte de 300 g ou un éclair au chocolat !

La saveur

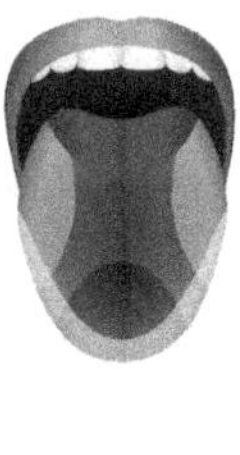

La soupe poireaux pommes de terre a de la concurrence ! Aujourd'hui, les soupes sont inventives, colorées, corsées, raffinées.

CHERS LÉGUMES

Longtemps boudés, voire méprisés, les voici enfin réhabilités et reconnus pour leurs bienfaits nutritionnels. Vous allez être impressionné par le rôle extraordinairement bénéfique des légumes dans notre alimentation. De tous les plats que nous préparons, c'est la soupe qui est la plus riche en antioxydants et en oligoéléments, si l'on choisit bien ses ingrédients.

On fait les présentations :

L'ail

Il est un excellent détoxifiant paré de multiples qualités : antimicrobien, antibactérien intestinal, antiseptique du système digestif et respiratoire. Il est un véritable « nettoyant » des voies digestives.

Très dépuratif, l'ail contribue au bon fonctionnement des reins et du foie.

Gorgé de vitamines (A, B6, C et E), de minéraux (potassium, magnésium et soufre) et d'oligoéléments (sélénium, iode et fer), il constitue une source importante d'antioxydants, agit favorablement sur l'hypertension et sur le taux de cholestérol, et booste le système immunitaire.

L'artichaut

Très riche en vitamine B9 et en fibres, il donne un sentiment de satiété et régule le transit. Il a également un rôle dépuratif sur le foie et les reins, et contribue à limiter le mauvais cholestérol. C'est un puissant antioxydant.

L'asperge

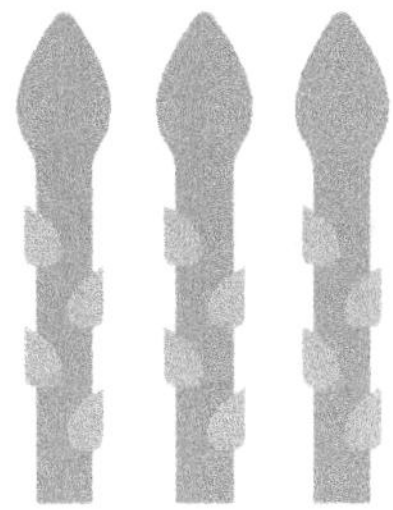

Peu calorique, composée d'eau à 92 %, riche en vitamines (vitamine B9, vitamine K, vitamines B1, B2, B3, B6 et vitamines C et A), elle est au top des antioxydants et participe efficacement aux fonctions d'éliminations de l'organisme.

Grâce à son action diurétique, dépurative et légèrement laxative, l'asperge exerce un drainage du foie et de tous les émonctoires que sont les intestins, les reins, la peau et les poumons. Elle est aussi très reminéralisante grâce aux minéraux et oligoéléments : sélénium, potassium, magnésium, fer, calcium.

L'avocat

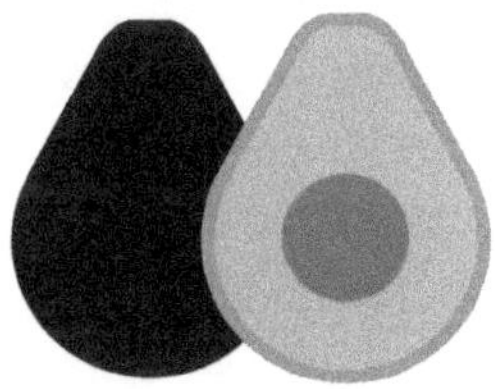

Bien qu'il soit riche en acides gras mono-insaturés (lipides bon pour l'organisme mais caloriques), il est un champion de l'alimentation santé.

Il est riche en vitamine C, vitamines B9, E, contient du potassium qui favorise l'élimination rénale, des fibres, principalement solubles, qui régulent naturellement le transit, et de nombreux antioxydants : les caroténoïdes et le glutathion qui transforment les toxines stockées dans le gras en toxines solubles dans l'eau, pour ainsi être éliminées plus facilement.

La betterave

Un peu plus calorique que les autres légumes, la betterave est un des légumes les plus riches en antioxydants : les caroténoïdes, les flavonoïdes, les polyphénols et la bétalaïne.

Très détoxifiante, la betterave contient deux actifs puissants : la méthionine qui aide le corps à se purifier de ses déchets et la bétanine ou bétacyanine, colorant rouge qui aide le foie à métaboliser les acides gras et contribue à tonifier le système immunitaire en activant l'oxygénation des cellules.

Sa richesse en fibres lui confère un pouvoir laxatif, elle apporte une sensation de satiété immédiate et une énergie de longue durée.

Gorgée de minéraux (calcium et magnésium) et d'oligoéléments, c'est un des aliments les plus riches en potassium. Ce dernier agit en régulateur de la pression artérielle et se révèle indispensable au bon fonctionnement du système nerveux.

Riche en vitamines C, B, B9 et bêtacarotène, sa haute teneur en folates est importante pour la production des globules rouges, elle contribue à la purification du sang et aide à réduire les risques d'affections cardio-vasculaires.

Le brocoli

Il est le champion des antioxydants, ce qui explique son succès relativement récent. Très dépuratif, très riche en vitamine C, en cuivre, en fer, en magnésium, en manganèse, en potassium et en phosphore, il possède aussi des fibres précieuses pour stimuler les fonctions digestives, booster notre intestin, et ses composés soufrés contribuent à nettoyer le corps de ses déchets.

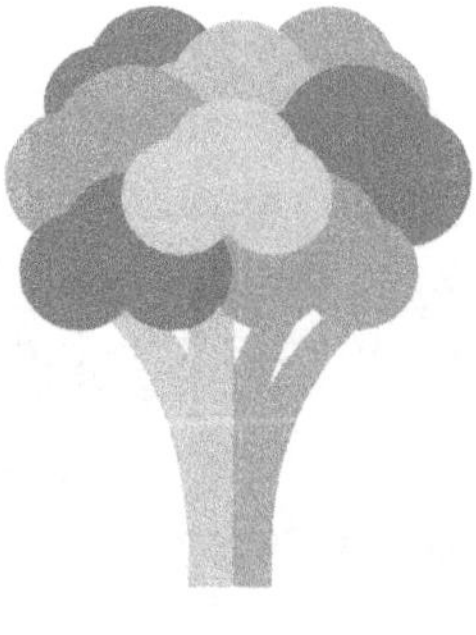

La carotte

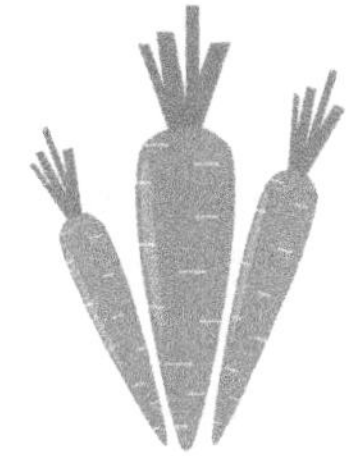

Riche en fibres, bourrée de carotène, elle est un excellent antioxydant et favorise l'élimination des toxines. Le glutathion qu'elle contient est un puissant détoxifiant qui filtre le sang pour le débarrasser des toxines.

Elle est peu calorique et apporte cependant une bonne sensation de satiété. Elle a une action très bénéfique sur la peau. Une vraie vedette !

Le céleri branche

Peu calorique, il est composé d'eau à 90 %. Purifiant, diurétique, il assure un bon nettoyage de l'organisme grâce à ses fibres. Antibactérien, anti-inflammatoire et diurétique, c'est un excellent draineur du foie, et il reminéralise l'organisme.

Le céleri-rave

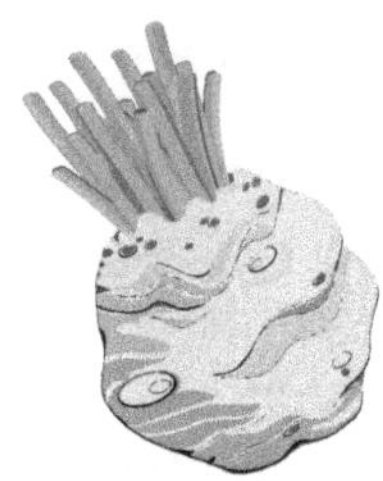

Il est très bien pourvu en vitamine K et en phosphore. Ses fibres ont un effet bénéfique sur la digestion et le transit en particulier.

Les champignons

Selon leur espèce, ils contiennent entre 80 et 90 % d'eau et sont très peu caloriques. Leur teneur en fibres est néanmoins importante, ce qui entraîne la satiété et une amélioration du transit. Leur teneur en vitamines B et D est importante, ainsi qu'en phosphore. Ils renforcent le système immunitaire, juste avant l'entrée dans la période hivernale. La nature fait bien les choses !

Les choux

Vert et frisé, ou bien rouge, blanc en bouquets (chou-fleur), les choux sous toutes leurs formes sont dépuratifs et antiseptiques. Peu caloriques, ils sont riches en vitamines (A, B, C et E) et en minéraux, notamment en fer. Leurs composés soufrés éliminent les toxines et ils ont un effet antioxydant puissant. Pour bien les digérer, blanchissez-les quelques minutes dans de l'eau bouillante salée avant de les cuisiner.

Le chou kale

C'est une star depuis que l'on a découvert ses multiples vertus détox. Peu calorique, il est riche en minéraux (magnésium, potassium, fer) et en vitamine C, et booste l'énergie. Riche aussi en fibres pour un effet bénéfique sur le transit.

Le concombre

Peu calorique, il contient 95 % d'eau. Idéal pour réhydrater nos organismes, en particulier l'été. Il contient de la pepsine, fibre qui booste nos intestins en douceur et de nombreuses vitamines (A, C, B1, B2, B6, K et bêtacarotène), minéraux (potassium, magnésium, sodium, calcium, sélénium, phosphore, fer, cuivre et zinc) pour un effet antioxydant bénéfique optimal.

La courge butternut

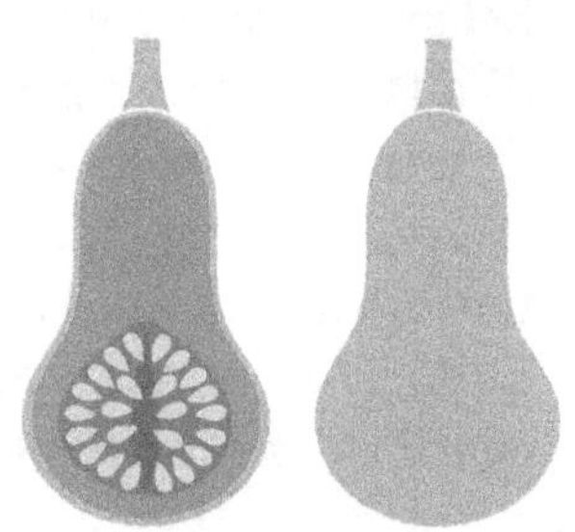

Son petit goût de noisette délicat cache une puissante richesse en vitamines et en oligoéléments. Elle est particulièrement riche en vitamine C, comme la carotte et le potiron.

La courgette

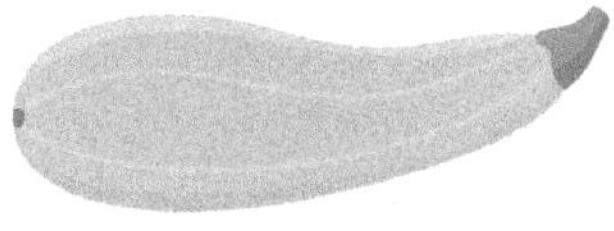

Peu calorique et composée d'eau à 95 %, elle est néanmoins riche en minéraux et en vitamines. Elle est diurétique, et ses fibres stimulent le transit en douceur.

Le cresson

Très peu calorique, composé d'eau à 93 %, il est à la fois hydratant, diurétique et dépuratif ; sa richesse en vitamine C en fait un antioxydant puissant. Sa chlorophylle accélère l'évacuation des toxines.

Les épinards

Peu caloriques, riches en fibres, en vitamines, et en minéraux, ils drainent le foie et les reins, nettoient l'ensemble du système digestif, et ont un puissant effet antioxydant sur l'ensemble de l'organisme.

Le fenouil

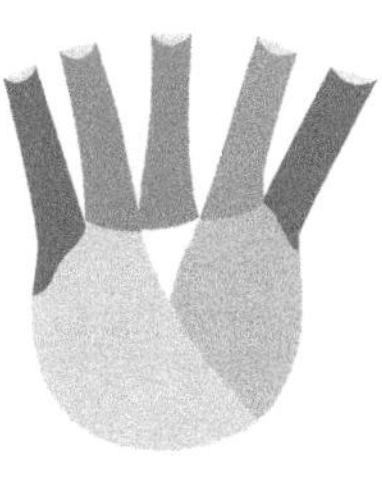

Peu calorique, il contient des fibres douces qui activent le fonctionnement du transit intestinal et apportent la satiété. Il est riche en vitamine C, en provitamine A, en vitamine E aux vertus antioxydantes, en vitamine B9, qui renforce le système immunitaire. Il regorge de minéraux : potassium, magnésium, fer et calcium en grande quantité.

Idéal pour la détoxification, il est antioxydant, antibactérien et anti-inflammatoire, diurétique, dépuratif et purgatif. Que demander de plus ?

Les haricots blancs

Lingots, cocos, ce sont des aliments précieux, bourrés de fibres pour stimuler le transit, et très riches en vitamines B (B1, B6, B9) qui participent au renouvellement cellulaire. Leurs protéines végétales permettent de moins consommer de protéines animales.

Les haricots rouges

Riches en fibres, ils stimulent la digestion et le transit, et apportent rapidement un sentiment de satiété. Ils contiennent des protéines végétales qui fournissent énergie et tonus et représentent une bonne alternative à la viande et au poisson.

La laitue

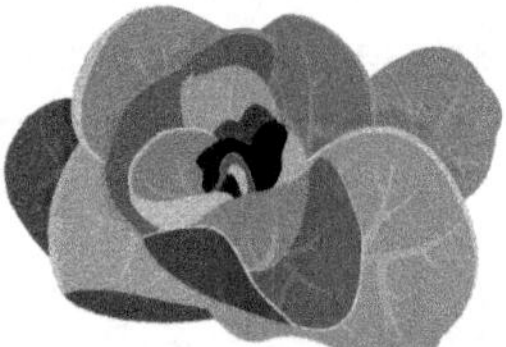

Cette salade bien modeste est une mine de bienfaits : vitamine B9 pour favoriser le renouvellement cellulaire, vitamine C, pour donner du tonus et lutter contre les infections, sans compter les nombreuses fibres qui stimulent le système digestif.

Les lentilles

Riches en fibres, elles sont rassasiantes et énergisantes. Elles sont également riches en minéraux (fer, magnésium, potassium, phosphore), et ont des qualités antioxydantes. Elles sont bien pourvues en vitamine B9 et apportent aussi des protéines végétales dont notre corps a besoin.

La mâche

Peu calorique, elle est cependant rassasiante grâce à ses fibres. Elle améliore le transit, élimine les toxines, et sa forte teneur en vitamine C et en oméga-3 en fait une championne des aliments santé. Elle est particulièrement antioxydante et reminéralisante.

L'oignon

C'est un super antioxydant, peu calorique, riche en fibres. Il favorise la détox, abaisse le cholestérol et la tension artérielle.

L'oseille

C'est une bombe de nutriments concentrés. Provitamine A, vitamine C, mais aussi minéraux (magnésium et calcium, en particulier) et fibres. Peu calorique, on hésite souvent à la consommer car elle est très acide. On l'associe à la courgette ou à la pomme de terre pour l'adoucir.

La patate douce

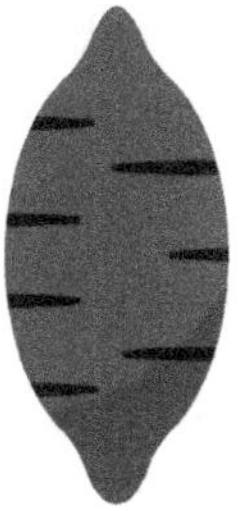

Elle est très douce en effet, mais son action sur notre organisme est puissante. Très riche en vitamine A et en bêtacarotène, elle est très antioxydante. Ses fibres apportent à la fois une bonne satiété et un confort digestif. Choisissez des patates douces de couleur orangée soutenue, ce sont les mieux pourvues en vitamine C.

Les petits pois

Bien pourvus en fibres, ils facilitent le transit. Ils sont aussi riches en vitamine B qui favorise le renouvellement cellulaire, et en vitamine C qui dynamise le tonus.

Le poireau

Très peu calorique, antioxydant, c'est un diurétique très efficace. Il abaisse aussi le taux de cholestérol. N'hésitez pas à faire une petite cure de bouillon de poireaux pour drainer votre organisme quand vous en ressentez le besoin.

Le pois chiche

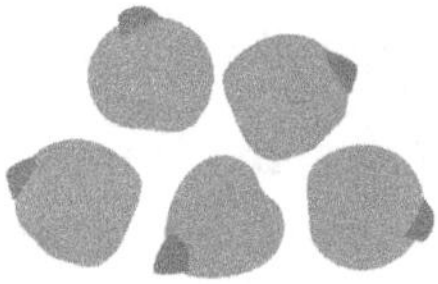

Cette légumineuse, qui ne contient pas de corps gras, est très rassasiante et constitue un bon apport de protéines végétales. Elle favorise le renouvellement cellulaire, et reminéralise l'organisme (manganèse, cuivre, phosphore), booste le transit grâce à ses nombreuses fibres.

Le poivron

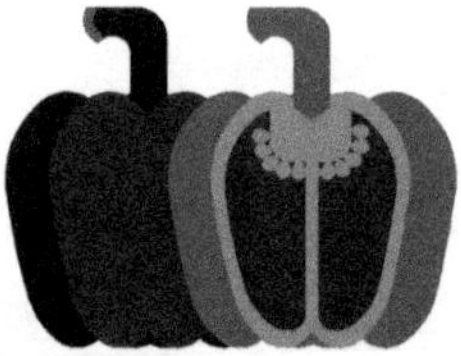

Il change de couleur selon son degré de maturité : vert, il est croquant et un peu amer, jaune, il est tendre et juteux, rouge, il est doux et sucré.

Très riche en fibres et en vitamine C, il est un champion de la détox, car il régule le transit, nettoie le foie et les reins. Le poivron rouge est particulièrement antioxydant.

La pomme de terre

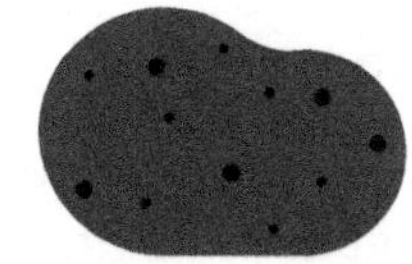

On l'accuse de faire grossir, mais c'est un vilain procès d'intention. Si les chips et les frites bien grasses sont à éviter, la pomme de terre, cuite dans l'eau ou du bouillon, consommée dans des proportions raisonnables est bénéfique à notre santé : elle apporte des fibres bonnes pour le transit, et des oligoéléments (potassium, magnésium, fer, zinc, cuivre), et joue un rôle antioxydant important sur nos cellules. Riche en glucides, elle est assez calorique, mais rassasiante et booste l'énergie. Sur le plan culinaire, elle est précieuse pour donner du velouté à nos soupes.

Le potiron

Longtemps oublié, il revient sur nos tables. Tant mieux car c'est un super légume, bourré d'antioxydants et de vitamines du groupe B. Malgré son goût sucré et son onctuosité, il est peu calorique.

Le radis noir

Riche en vitamine C et en antioxydants, il lutte contre les effets de l'âge, il est antiseptique et antibactérien.

Il draine le foie, la vésicule biliaire, élimine les déchets et les toxines, a des effets diurétiques et laxatifs et reminéralise l'organisme.

La roquette

Festival d'antioxydants pour cette salade au goût poivré qui est un parfait dépuratif pour l'ensemble des organes. Qui plus est, elle stimule les défenses immunitaires de l'organisme, ce qui en fait un précieux allié en hiver.

La tomate

Très peu calorique et gorgée d'eau, elle est la vedette d'une alimentation saine, avec ses nombreuses vitamines (vitamines B, E, K et provitamine A), et en particulier la vitamine C, ses sels minéraux (potassium, magnésium et calcium), et ses fibres. Mais son intérêt réside surtout dans le lycopène, pigment qui lui donne sa couleur rouge, puissant antioxydant protecteur de notre santé. Par ailleurs, la pectine que contient la tomate dissout les mauvaises graisses et a un effet rassasiant. Ses antitoxiques facilitent le filtrage des déchets de l'organisme.

DU CÔTÉ DES FRUITS

L'ananas

Très vitaminé (vitamines A, B, bêtacarotène), riche en oligoéléments (magnésium, potassium, calcium et manganèse), il est très performant pour purifier et tonifier votre organisme.

Il est diurétique, régule le transit grâce à ses fibres, apporte peu de calories malgré son goût sucré car il est gorgé d'eau à 86 %.

Le citron

Champion de la détox, peu calorique, le citron est un véritable booster de l'organisme !

Il est antioxydant, antifatigue, antirhumatismal, diurétique, reminéralisant, antibactérien et antiseptique naturel.

Il participe au nettoyage du foie en stimulant son activité. Il nettoie le système digestif et grâce à ses propriétés diurétiques, il stimule l'activité rénale et facilite l'élimination des toxines.

La fraise

Elle est dépurative, diurétique, reminéralisante et anti-inflammatoire. Sa richesse en fibres participe à la régulation du transit intestinal.

Elle est dotée d'un fort pouvoir antioxydant grâce à des composés très complémentaires comme la vitamine C, les folates, les carotènes et les acides organiques.

La framboise

Riche en vitamines C, B et E, en bêtacarotène, la framboise jouit d'une forte densité minérale : potassium, calcium, magnésium et fer. Elle est laxative et antioxydante.

Le fruit de la Passion

Très nutritif, ce fruit contient des antioxydants (vitamines C et E, flavonoïdes) et une grande quantité de fibres très efficaces pour améliorer la digestion.

La figue

Riche en fibres, la figue renferme une grande variété de vitamines (C et du groupe B), de minéraux et oligoéléments (zinc et fer), et contient différents antioxydants notamment des composés phénoliques de la famille des flavonoïdes.

Le kiwi

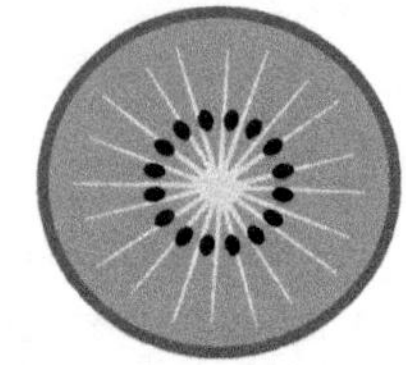

Fruit anti-âge par excellence, le kiwi détient une puissante activité antioxydante grâce à sa richesse en vitamines C, E et provitamine A.

Le kiwi est aussi riche en minéraux (potassium), et en fibres qui stimulent le fonctionnement intestinal tout en apportant une sensation de satiété.

Diurétique grâce au potassium, il aurait également une action bénéfique sur l'hypertension artérielle.

La mangue

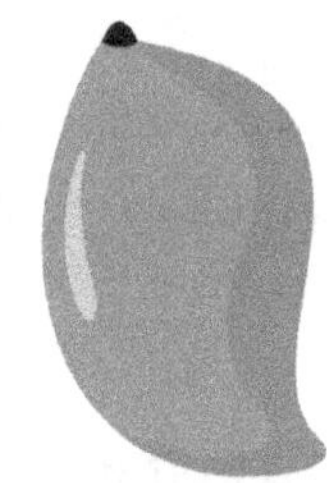

La mangue est un des fruits les plus riches en carotène et elle contient autant de vitamine C que les agrumes. Riche en fibres et en potassium, elle agit efficacement sur le transit intestinal, apporte une sensation de satiété durable. Elle exerce une action nettoyante sur l'organisme et stimule les défenses immunitaires. La mangue est riche en vitamines A, B6, C, E, en provitamine A, bêtacarotène et en minéraux comme le calcium et le magnésium.

Le melon

Champion de l'élimination, il est très peu calorique, car il est gorgé d'eau à 90 %.

Il est une excellente source de potassium, d'oligoéléments (fer, zinc, cuivre, manganèse, iode) et de vitamines. C'est un excellent diurétique, et un laxatif doux. Il est riche en vitamine C et en bêta-carotène qui lui confèrent des vertus antioxydantes essentielles dans la prévention des maladies.

La pastèque

Légèrement sucrée et gorgée d'eau, la pastèque est peu calorique.

Riche en vitamines A, B6, C, et provitamine A, elle contient de nombreux sels minéraux et oligoéléments. Dépurative, elle favorise l'élimination des déchets et des toxines de l'organisme. Elle renferme de nombreuses propriétés antioxydantes comme le lycopène.

La pêche

Riche en vitamines des groupes B, C, E et en provitamine, elle est aussi fortement minéralisée : potassium, phosphore, magnésium.

Diurétique et laxative, elle contient beaucoup d'eau et peu de calories.

La poire

Énergétique et reminéralisante, diurétique et laxative grâce à ses fibres, elle agit sur la régularisation du transit intestinal et possède des effets bénéfiques sur la pression artérielle.
Dans le cadre d'une détoxification, elle agit en améliorant les fonctions rénales et contribue à l'élimination des déchets de l'organisme.

Le pomelo

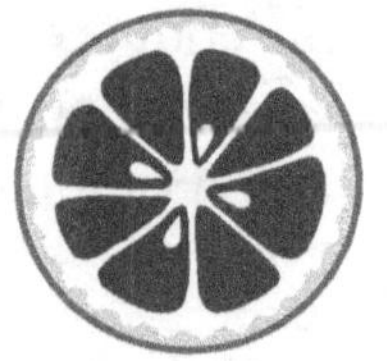

Riche en eau et pauvre en calories, le pomelo régule le transit grâce à ses fibres. Il est riche en vitamine C, en minéraux et oligoéléments comme le calcium et le phosphore, de plus il est tonifiant et fortifiant.

La pomme

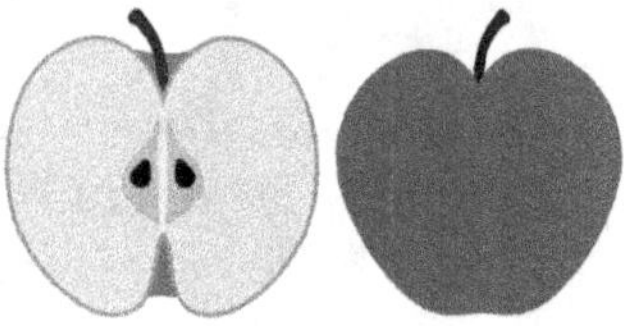

La pectine qu'elle contient, véritable alliée détox, est une fibre soluble qui exerce une action dépurative sur les fonctions intestinales et permet de lutter contre l'excès de cholestérol.

Bonne source de vitamine C, la pomme est tonifiante et antifatigue.

Diurétique, grâce à sa teneur en eau et en sorbitol, elle favorise la circulation du sang et le drainage de l'organisme.

LES ALLIÉS DE VOS SOUPES

L'eau

Sous forme d'eau pure ou sous forme de bouillon, l'eau est l'ingrédient essentiel de nos soupes.

Le corps humain est composé d'eau à 65 %, et nous devons chaque jour reconstituer notre stock, éliminé par la transpiration, la respiration, les reins et les intestins. On estime cette déperdition à 2,5 litres environ pour un adulte ! C'est dire que les soupes, composées d'eau mais aussi de légumes gorgés d'eau, permettent de compenser cette perte. On nous conseille de boire régulièrement de l'eau pure tout au long de la journée, et pas seulement lorsque nous ressentons la soif. La soupe contribue agréablement à cette réhydratation indispensable.

On compte entre 50 cl et 1 litre d'eau pour 4 personnes, selon les légumes ; certains sont plus juteux que d'autres. Adaptez aussi les quantités d'eau à vos préférences : soupes liquides ou concentrées, veloutés plus ou moins onctueux, par exemple.

Les bouillons

Dégustés à toute heure de la journée, ils réhydratent et réconfortent. Mais ils représentent aussi une base pour toutes nos soupes. Bouillon de légumes, bouillon de volaille, dégraissé si possible pour éviter les calories superflues.

Préparez vos bouillons maison, congelez-les dans des bacs, vous les utiliserez selon vos besoins. Les bouillons du commerce sont satisfaisants sur le plan gustatif, mais souvent trop salés.

Le yaourt nature

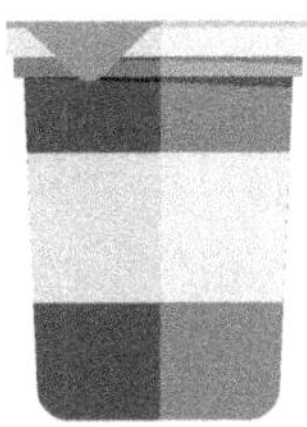

Il est moins gras, moins calorique que la crème fraîche et apporte douceur et velouté à de nombreuses soupes. Bourré de probiotiques, il est un vrai ami pour nos intestins car il contribue à l'équilibre de notre flore intestinale.

Si vous préférez une soupe veggie, remplacez le yaourt par du lait de soja.

Le lait de coco

Élaboré à partir de la pulpe de noix de coco, il est riche en fer, potassium, phosphore, et en fibres. Il est aussi riche en lipides, on lui préfère sa forme « allégée » pour préparer nos soupes exotiques. Il booste le métabolisme et favorise l'élimination des toxines. Il est antioxydant et aide à lutter contre les radicaux libres.

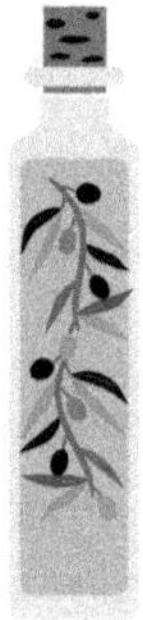

L'huile d'olive

Riche en oméga-3, elle est grasse, donc calorique, mais utilisée avec parcimonie, elle est recommandée, tout comme l'huile de colza et l'huile de noix ou de noisette.

Les protéines

Elles sont indispensables à une alimentation équilibrée. On évite les fromages, trop gras et trop salés, les viandes rouges et la charcuterie, et on privilégie les protéines végétales contenues en particulier dans les légumineuses. Oubliez la côte de bœuf, offrez-vous des fruits de mer, des coquillages, du poisson blanc, qui sont peu caloriques et riches en oméga-3 et en zinc.

Adoptez aussi la volaille maigre, sans peau et grillée, peu calorique et rassasiante. Une soupe ou un velouté accompagné de poisson, de volaille (poulet ou dinde), de fruits de mer constitue un plat complet parfaitement sain sur le plan nutritionnel.

LES TOUCHES DE CARACTÈRE

Herbes et épices donnent à nos soupes saveur et couleur, mais cette valeur ajoutée n'est pas leur seul intérêt. Elles apportent des nutriments essentiels : des vitamines et des antioxydants. Les fines herbes auraient une capacité antioxydante parfois plus élevée que certains fruits et légumes, notamment grâce à la chlorophylle. Quant aux épices, en plus de relever le goût des soupes, elles possèdent pour la plupart des vertus digestives, dépuratives, diurétiques et stimulantes.

Pour satisfaire les solides appétits, il est possible de rendre les soupes plus nourrissantes en ajoutant du riz ou des pâtes, mais prenez de préférence des aliments complets, plus intéressants sur le plan nutritionnel.

On fait un tour d'horizon ?

Le curcuma

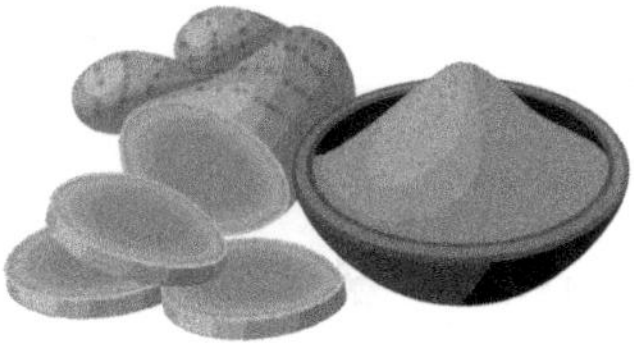

Le curcuma est un puissant antioxydant et anti-inflammatoire. Il détoxifie le foie, booste l'immunité, lutte contre le mauvais cholestérol entre autres vertus thérapeutiques.

Le gingembre

Cette plante dont la racine est appelée rhizome donne du piquant et du caractère aux soupes de légumes. Utilisez-le avec parcimonie au début, puis augmentez les quantités selon votre préférence. Ses atouts santé sont multiples : il est antibiotique et antihistaminique naturel, antibactérien, anti-inflammatoire et antiémétique.

Bon pour la digestion, il stimule le transit intestinal, lubrifie l'estomac et favorise donc l'élimination des toxines.

Tonifiant et fortifiant de l'organisme, il stimule les défenses immunitaires et aide à lutter en hiver contre les états grippaux.

Le basilic

Il est antioxydant, anti-inflammatoire, antibactérien, antiseptique et antispasmodique. Il tonifie le système digestif, favorise la sécrétion de la bile et facilite la digestion des graisses. Un vrai atout santé à utiliser sans modération.

La coriandre

Peu calorique mais riche en fibres, elle a des propriétés digestives, carminatives (qui facilitent l'expulsion des gaz intestinaux) et diurétiques, et a un fort pouvoir antioxydant.

La menthe

Riche en fer et en manganèse, la menthe est une plante tonifiante très réputée pour favoriser l'équilibre digestif, lutter contre les troubles intestinaux et favoriser l'élimination rénale. Elle est aussi antiseptique et stimulante.

Le persil

Riche en minéraux et en vitamine C, il booste l'énergie, stimule le fonctionnement des reins et des intestins, agit favorablement sur le foie, la vessie et les poumons.

Riche aussi en puissants antioxydants, il protège l'organisme des radicaux libres responsables du vieillissement. C'est un excellent détoxifiant, c'est pourquoi je l'utilise très souvent en topping pour mes soupes.

Les oléagineux

Noisettes, amandes, noix, pistaches sont très caloriques, mais elles sont riches en fibres, en oméga-3 et en magnésium. Les oléagineux sont gras, mais limitent cependant le mauvais cholestérol. Leurs antioxydants sont précieux pour notre santé. Les oléagineux subliment les veloutés, opposant le croquant à la douceur.

SOUPES MODE D'EMPLOI

Les achats

Par principe, on achète des légumes de saison. Ils sont au top de leur maturité, de leur qualité, et ils sont moins chers que les autres. Si vous le pouvez, préférez le bio. Dans ce cas, vous pouvez vous abstenir de les peler ; lavez-les soigneusement sans les laisser tremper.

Soyez exigeant avec la fraîcheur des légumes, la saveur de vos soupes en dépend.

Les ustensiles

Armez-vous de l'indispensable éplucheur-légumes, qui facilite l'épluchage, d'une râpe pour zester les agrumes, d'un couteau bien tranchant pour émincer, d'une bonne cocotte de grande contenance, et d'un mixeur ou d'un blender. L'autocuiseur réduit de moitié le temps de cuisson. Appréciable.

Le service

La soupière de grand-mère est rangée au rayon des souvenirs. On sert la soupe dans des assiettes creuses, des bols à potage, des mugs, ou des marmites individuelles, d'une contenance de 250 ml environ. Les soupes froides et les gaspachos sont élégants dans des gobelets ou dans de grands verres à pied.

Le comble du raffinement : associer la couleur du contenant au contenu, dans une gamme de camaïeu ou en opposant les nuances.

Et les affamés et les gourmands ? Pour ne pas les laisser sur leur faim, un bon conseil : doublez les proportions, gardez au chaud à la cuisine pour les resservir… et pour prévoir un ou plusieurs repas ultérieurs.

La conservation

Dès que la soupe est froide, versez-la dans un bocal en verre, vissez le couvercle et placez-le au réfrigérateur. Vous la garderez deux jours sans problème.

Congelez vos soupes maison dans des plats hermétiques, réchauffez-les tout doucement à feu doux. Délai de conservation au congélateur : 3 mois.

LES TOPPING

Ce sont ces petites touches personnelles à déposer délicatement sur vos assiettes ou vos bols à potage, non seulement pour faire joli, mais aussi pour donner du caractère à vos soupes. Quenelles de fromage frais, lamelles de bacon grillé, copeaux de parmesan sont délicieux, mais pour une soupe vraiment détox, voici quelques idées :

- dés de poulet grillé ;
- croûtons de pain complet écroûté grillé, frotté d'ail et d'huile d'olive, ou encore d'ail et d'une demi-tomate ;
- zestes de citron ou d'orange râpés ;
- pignons, pistaches, noisettes, amandes grillés à sec dans une poêle ;
- graines de sésame, de lin, de courge, à torréfier à sec dans une poêle pendant quelques minutes ;
- graines germées ;
- quelques gouttes d'huile d'olive, d'huile de noisette, ou mieux encore d'huile de truffe, à verser délicatement et avec parcimonie ;
- quelques gouttes de vinaigre balsamique sirupeux ;
- baies roses ;
- herbes ciselées parsemées sur les assiettes ou les bols, ou entières en buisson ;
- sel de céleri, cannelle, fleur de sel, thym, ail haché…

Pensez à l'harmonie des couleurs pour une présentation raffinée.

LA FRAÎCHEUR

VARIATIONS AUTOUR DES GASPACHOS

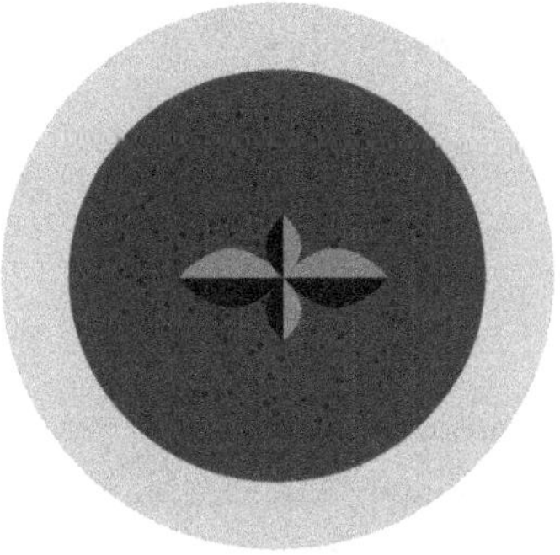

HOMMAGE AU GASPACHO

Venu d'Espagne, c'est un mix de légumes crus, assaisonnés souvent d'huile et de vinaigre. Le charme principal du gaspacho, c'est sa température très froide, voire glacée. Pour gagner du temps, placez les ingrédients au réfrigérateur plusieurs heures à l'avance, sauf les tomates qui perdent de leur saveur à basse température. Ajoutez aux légumes de l'eau très froide, ou même des glaçons. La quantité d'eau dépend de votre bon plaisir : texture fluide ou consistante. Mettez les bols à potage au frais afin de ne pas réchauffer votre préparation au moment de servir. Il est d'usage d'accompagner les gaspachos de petits dés de pain, mais pour une version plus légère, remplacez les croûtons par des topping moins caloriques, comme des herbes fraîches. Rien ne vous empêche en été de boire du gaspacho au petit déjeuner !

DUO DE GASPACHOS MELON TOMATE

POUR 4 PERSONNES
PRÉPARATION : 10 MIN
RÉFRIGÉRATION : 4 H

Ingrédients : 300 g de tomates mûres, 4 c. à soupe d'huile d'olive, 2 melons, sel, poivre
Topping : quelques feuilles de roquette

> Lavez et essuyez les tomates, mixez-les avec deux cuillerées à soupe d'huile d'olive, du sel et du poivre. Réservez au frais.
> Retirez la peau et les graines des melons, mixez la pulpe avec deux cuillerées à soupe d'huile d'olive, du sel et du poivre. Réservez au frais.
> Vérifiez l'assaisonnement des deux préparations et versez-les séparément dans quatre assiettes creuses. Disposez au centre quelques feuilles de roquette. Servez glacé.

Pour changer

Ajoutez des miettes de crabe au centre des assiettes avec la roquette.

GASPACHO ANDALOU

POUR 4 PERSONNES
PRÉPARATION : 15 MIN
RÉFRIGÉRATION : 2 H

Ingrédients : 1 concombre, 2 poivrons verts, 3 tomates, 1 oignon, 2 gousses d'ail, 3 c. à soupe de vinaigre de vin, 2 c. à soupe d'huile d'olive, sel, poivre
Topping : ½ poivron vert

> Pelez le concombre, ôtez les graines et coupez-le en morceaux.
> Pelez et épépinez les poivrons et les tomates, coupez les poivrons en lanières et les tomates en quartiers, épluchez l'oignon et l'ail, émincez-les.
> Placez tous ces légumes dans le bol d'un blender avec deux verres d'eau et mixez en purée très fine.
> Versez dans une soupière, ajoutez le vinaigre, l'huile, salez et poivrez, placez au frais pendant deux heures minimum.
> Pelez le demi-poivron réservé pour le décor avec un épluche-légumes, épépinez-le et coupez la chair en petits dés. Réservez.
> Versez le gaspacho dans quatre verres, garnissez de dés de poivrons. Servez immédiatement.

GASPACHO D'AVOCAT, CONCOMBRE ET ÉPINARDS À LA POIRE

POUR 4 PERSONNES
PRÉPARATION : 15 MIN
RÉFRIGÉRATION : 2 H

Ingrédients : 200 g de pousses d'épinards, 1 concombre, 1 citron, 4 branches de menthe, 2 poires, 2 avocats bien mûrs, sel, poivre

> Lavez, épongez et équeutez les épinards, ciselez-les.
> Pelez et épépinez le concombre, coupez-le en morceaux.
> Pressez le citron, effeuillez la menthe.
> Épluchez les poires, coupez-les en dés. Pelez les avocats, coupez la chair en dés.
> Mixez l'ensemble avec 50 cl d'eau très froide, du sel et du poivre. Vérifiez l'assaisonnement, versez dans quatre verres. Placez au frais pendant 2 heures.

Pour changer

Remplacez les poires par des pommes granny-smith.

GASPACHO D'AVOCAT, CONCOMBRE ET PIGNONS

POUR 4 PERSONNES
PRÉPARATION : 15 MIN
RÉFRIGÉRATION : 2 H

Ingrédients : 2 concombres, 1 avocat, 1 citron, sel, poivre
Topping : ½ bouquet de coriandre, 2 c. à soupe de pignons

> Pelez et épépinez les concombres, coupez-les en morceaux.
> Prélevez la chair de l'avocat avec une cuillère. Pressez le citron.
> Mixez les concombres et l'avocat avec le jus de citron, du sel et du poivre, allongez avec de l'eau très froide jusqu'à la consistance désirée.
> Répartissez dans quatre verres, décorez de feuilles de coriandre ciselées et de pignons grillés.

Pour changer

Ajoutez une demi-cuillerée à café de cumin en poudre avant de mixer le concombre.

GASPACHO DE BETTERAVE ET CÉLERI À LA POMME

POUR 4 PERSONNES
PRÉPARATION : 10 MIN
RÉFRIGÉRATION : 2 H

Ingrédients : 4 betteraves rouges cuites, 1 branche de céleri, 20 cl de bouillon de légumes, 1 yaourt velouté nature, 1 c. à soupe de vinaigre balsamique
Topping : 1 pomme royal gala, quelques gouttes de jus de citron

> Pelez les betteraves, coupez-les en cubes. Tronçonnez la branche céleri. Mixez les betteraves et le céleri avec le bouillon de légumes froid. Placez au frais pendant 2 heures.
> Au moment de servir, ajoutez le yaourt velouté et le vinaigre balsamique, mélangez bien puis répartissez le gaspacho dans quatre verres.
> Pelez et râpez la pomme, citronnez-la, garnissez les verres de pomme râpée. Servez bien frais.

GASPACHO DE CONCOMBRE À L'ANANAS

POUR 4 PERSONNES
PRÉPARATION : 15 MIN
RÉFRIGÉRATION : 2 H

Ingrédients : 1 concombre, 1 petit oignon, 1 citron vert, Tabasco®, 4 tranches d'ananas frais au naturel (350 g environ), 2 c. à soupe d'huile d'olive, sel
Topping : quelques branches de coriandre

> Pelez le concombre, retirez ses graines, coupez-le en morceaux.
> Pelez et hachez l'oignon. Pressez le citron vert.
> Mixez l'ensemble avec 10 cl d'eau très froide, deux cuillerées à soupe d'huile d'olive et deux gouttes de Tabasco®. Placez au frais.
> Au moment de servir, versez le gaspacho dans des bols à potage, parsemez de petits morceaux d'ananas et décorez de feuilles de coriandre.

Mon conseil

Si vous ne trouvez pas d'ananas frais en barquette, prenez un ananas Victoria, épluchez-le et coupez-le en dés.

LE TABASCO®, UN COMPAGNON TORRIDE À APPRIVOISER

Inventé au XIXe siècle, ce condiment est composé de piments rouges mexicains broyés mis à fermenter avec du sel, et ensuite additionnés de vinaigre. Quelques gouttes suffisent à enflammer le gaspacho le plus doux. Utilisez avec prudence : commencez par deux gouttes, goûtez, ajustez ! Le Tabasco® vert, fabriqué avec des piments verts est plus doux.

GASPACHO DE CONCOMBRE À LA ROQUETTE

POUR 4 PERSONNES
PRÉPARATION : 15 MIN
RÉFRIGÉRATION : 2 H

Ingrédients : 1 sachet de roquette, 4 concombres, 2 échalotes, 2 citrons verts, 4 c. à soupe d'huile d'olive, sel, poivre
Topping : quelques feuilles de roquette

> Rincez et essorez la roquette, gardez-en une petite poignée pour le décor.
> Pelez et épépinez les concombres, coupez leur chair en morceaux.
> Pelez et émincez les échalotes. Pressez les citrons.
> Mixez tous les légumes avec le jus de citron, quatre cuillerées à soupe d'huile d'olive et 50 cl d'eau très froide. Salez, poivrez.
> Vérifiez l'assaisonnement, placez au frais en attendant de servir.
> Versez dans quatre bols à potage et déposez au centre quelques feuilles de roquette.

Pour changer

Ajoutez deux poivrons verts épépinés et coupés en lanières au moment du mixage.

GASPACHO DE CONCOMBRE AU FENOUIL ET À LA MENTHE

POUR 4 PERSONNES
PRÉPARATION : 15 MIN
RÉFRIGÉRATION : 2 H

Ingrédients : 1 concombre, 2 petits bulbes de fenouil, 4 branches de menthe, 2 yaourts nature velouté, sel, poivre
Topping : 4 feuilles de menthe, le plumet des fenouils

> Pelez et épépinez le concombre, coupez-le en morceaux.
> Émincez le fenouil. Effeuillez la menthe.
> Mixez l'ensemble avec les yaourts, du sel et du poivre.
> Placez au frais pendant 2 heures. Versez dans des verres, hachez les quatre feuilles de menthe avec les plumets des fenouils et parsemez-en la préparation au moment de servir.

GASPACHO DE CONCOMBRE ET D'ÉPINARDS À L'AIL

POUR 4 PERSONNES
PRÉPARATION : 10 MIN
RÉFRIGÉRATION : 2 H

Ingrédients : 200 g de pousses d'épinards, 1 concombre, 1 gousse d'ail, 2 branches de persil, sel et poivre
Topping : 2 c. à soupe de pignons grillés

> Rincez, épongez et équeutez les pousses d'épinards. Rincez et essuyez le concombre, épépinez-le, coupez-le en cubes avec la peau. Pelez la gousse d'ail.
> Mixez le concombre, l'ail, les épinards et le persil en ajoutant un peu d'eau très froide. Salez, poivrez.
> Placez au réfrigérateur pendant 2 heures avant de versez dans des verres. Décorez de pignons de pin torréfiés au moment de servir.

GASPACHO DE CONCOMBRE ET DE POMMES À L'ANETH

POUR 4 PERSONNES
PRÉPARATION : 10 MIN
RÉFRIGÉRATION : 2 H

Ingrédients : 1 citron, 2 concombres, 2 gousses d'ail, 2 pommes granny-smith, 75 cl de bouillon de légumes

Topping : 4 branches d'aneth

> Pressez le citron. Pelez les concombres, retirez les graines et coupez-les en petits morceaux.
> Pelez et dégermez les gousses d'ail.
> Épluchez les pommes. Taillez-les en dés.
> Mixez le concombre, la pomme, les gousses d'ail avec le jus de citron et le bouillon de légumes, vérifiez l'assaisonnement. Placez au frais pendant au moins 2 heures.
> Versez dans des verrines, parsemez de brins d'aneth ciselés. Servez bien frais.

Pour changer

Ajoutez un peu de wasabi.

GASPACHO DE MELON AU GINGEMBRE

POUR 4 PERSONNES
PRÉPARATION : 10 MIN
RÉFRIGÉRATION : 2 H

Ingrédients : 2 gros melons, 2 cm de gingembre, 1 c. à soupe d'huile d'olive, 2 c. à soupe de vinaigre de Xérès, sel, poivre

> Pelez les melons, égrainez-les, et coupez la chair en cubes. Gardez quelques cubes pour le décor. Pelez et râpez le gingembre.
> Mixez le melon avec le gingembre, l'huile et le vinaigre, du sel et du poivre. Vérifiez l'assaisonnement, et placez le gaspacho au frais pendant 2 heures.
> Versez dans des coupelles. Détaillez les cubes de melon restant en petits dés, disposez-les sur les coupelles. Servez très frais.

Pour changer

Remplacez un melon par une pastèque.

GASPACHO DE MELON AU PIMENT ET À LA CITRONNELLE

POUR 4 PERSONNES
PRÉPARATION : 10 MIN
RÉFRIGÉRATION : 2 H

Ingrédients : 1 gros melon ou 2 petits, ½ piment rouge, 3 tiges de citronnelle, sel
Topping : 1 bouquet de coriandre

> Ouvrez le melon, retirez les graines, pelez-le et coupez la pulpe en morceaux. Lavez le demi-piment, retirez les graines, coupez la chair en petits dés.
> Mixez le melon et le piment avec un peu de sel, la citronnelle et 50 cl d'eau froide.
> Placez au frais pendant 2 heures. Versez dans des verres et parsemez de feuilles de coriandre ciselées. Servez glacé.

GASPACHO DE MELON ET CONCOMBRE À LA CARDAMOME

POUR 4 PERSONNES
PRÉPARATION : 10 MIN
RÉFRIGÉRATION : 2 H

Ingrédients : 1 concombre, 2 melons, 4 c. à soupe d'huile d'olive, 2 c. à soupe de vinaigre balsamique, 1 c. à café de cardamome en poudre, sel, poivre

> Pelez et épépinez le concombre, retirez les graines, détaillez-le en morceaux.
> Pelez les melons, débarrassez-les de leurs graines et coupez-les en morceaux.
> Mixez le concombre et le melon avec l'huile, le vinaigre et la cardamome. Vérifiez l'assaisonnement, salez si nécessaire, poivrez.
> Versez dans des bols, placez au réfrigérateur pendant 2 heures avant de déguster.

GASPACHO DE MELON, PÊCHE ET TOMATE

POUR 4 PERSONNES
PRÉPARATION : 15 MIN
RÉFRIGÉRATION : 2 H

Ingrédients : 1 gros melon, 2 tomates, 2 pêches blanches, 2 c. à soupe d'huile d'olive, 2 c. à soupe de vinaigre de Xérès, sel, poivre
Topping : quelques billes de melon, 4 belles feuilles de menthe

> Ouvrez et retirez les graines du melon. Prélevez quelques billes de melon avec une cuillère parisienne pour le décor et coupez le reste du melon en morceaux.

> Épépinez les tomates. Épluchez les pêches, coupez la chair en morceaux.

> Mixez l'ensemble avec l'huile, le vinaigre, du sel et du poivre.

> Placez au frais pendant 2 heures. Au moment de servir, versez dans quatre verres, et décorez de billes de melon et d'une feuille de menthe.

GASPACHO DE MELON, TOMATES ET BASILIC

POUR 4 PERSONNES
PRÉPARATION : 15 MIN
RÉFRIGÉRATION : 2 H

Ingrédients : 1 gros melon, 2 tomates, 2 c. à soupe d'huile d'olive, 2 c. à soupe de vinaigre de Xérès, sel, poivre
Topping : quelques billes de melon, 4 belles feuilles de basilic

> Retirez les graines du melon. Prélevez quelques billes de melon avec une cuillère parisienne pour le décor.
> Coupez le reste du melon en morceaux. Épépinez les tomates. Mixez l'ensemble avec l'huile, le vinaigre, du sel et du poivre.
> Placez au frais pendant 2 heures. Au moment de servir, versez dans quatre verres, décorez de billes de melon et de feuilles de basilic.

Pour changer

Ajoutez quelques pincées de curry ou de paprika.

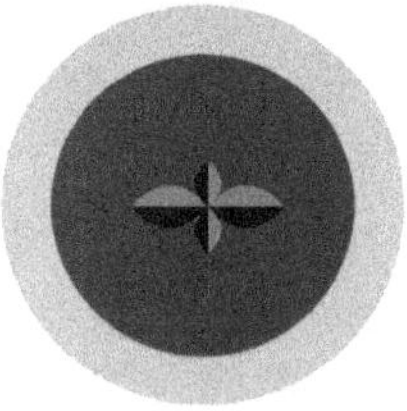

GASPACHO DE PASTÈQUE AU BASILIC

POUR 4 PERSONNES

PRÉPARATION : 5 MIN

RÉFRIGÉRATION : 2 H

Ingrédients : 1 tranche de pastèque de 400 g, 2 c. à soupe d'huile d'olive, 1 c. à soupe de vinaigre de Xérès, sel, poivre

Topping : 2 branches de basilic

> Pelez la pastèque, retirez ses graines.

> Mixez la chair avec l'huile, le vinaigre, du sel et du poivre.

> Placez au frais. Au moment de servir, versez dans des bols à potage, parsemez de feuilles de basilic ciselées.

GASPACHO DE PASTÈQUE, POIVRON, CÉLERI ET CONCOMBRE

POUR 4 PERSONNES
PRÉPARATION : 15 MIN
RÉFRIGÉRATION : 2 H

Ingrédients : ⅓ de pastèque (environ 1 kg), 1 oignon, 1 branche de céleri, ½ concombre, 1 poivron jaune, 2 branches de menthe, 1 citron vert, 1 c. à soupe de vinaigre de vin, 2 cm de gingembre
Topping : ¼ de concombre, 1 petite tranche de pastèque, 1 branche de menthe

> Pelez et épépinez la pastèque, coupez la chair en morceaux.
> Pelez l'oignon, hachez-le. Tronçonnez la branche de céleri en petits morceaux. Pelez et épépinez le demi-concombre, taillez-le en morceaux. Épépinez le poivron, émincez-le.
> Effeuillez la menthe. Pressez le citron vert.
> Mixez tous les ingrédients avec le jus de citron, la menthe ciselée, le gingembre râpé, le vinaigre et un peu d'eau très froide. Salez, poivrez. Vérifiez l'assaisonnement.
> Placez au frais pendant 2 heures. Au moment de servir, versez le gaspacho dans des bols à potage, détaillez la pulpe du quart de concombre et de la pastèque en petits dés, ciselez finement les feuilles de menthe, mélangez-les et déposez-les en buisson sur les bols.

GASPACHO DE POIVRONS À L'AVOCAT

POUR 4 PERSONNES
PRÉPARATION : 15 MIN
RÉFRIGÉRATION : 2 H

Ingrédients : 1 concombre, 1 poivron vert, 1 poivron jaune, ½ citron, 3 gousses d'ail, 4 branches de menthe, 2 avocats, 2 yaourts veloutés nature, sel, poivre
Topping : ¼ de poivron jaune, 1 branche de menthe

> Pelez le concombre, épépinez-le. Lavez, essuyez, épépinez les poivrons. Pelez et dénoyautez les avocats. Coupez ces légumes en morceaux.
> Pressez le demi-citron. Pelez et hachez les gousses d'ail. Effeuillez les branches de menthe. Mixez l'ensemble avec 50 cl d'eau très froide, salez, poivrez.
> Ajoutez les yaourts, mélangez. Vérifiez l'assaisonnement. Placez au frais.
> Au moment de servir, versez dans quatre bols à potage. Découpez le quart de poivron jaune en petits dés, ciselez finement les feuilles de menthe, mélangez-les, déposez sur chaque bol.

Pour changer

Ajoutez un petit piment vert si vous aimez les saveurs corsées.

GASPACHO DE TOMATES À L'ORANGE

POUR 4 PERSONNES
PRÉPARATION : 15 MIN
RÉFRIGÉRATION : 2 H

Ingrédients : 4 grosses tomates bien mûres, 1 oignon, 2 gousses d'ail, 1 orange, 1 c. à soupe d'huile d'olive, 2 c. à soupe de vinaigre de cidre, sel, poivre
Topping : 12 brins de ciboulette

> Pelez les tomates, épépinez-les, coupez-les en morceaux. Pelez et émincez l'oignon et les gousses d'ail. Pressez l'orange.
> Mixez les tomates, l'oignon et l'ail avec le jus d'orange, l'huile d'olive et 50 cl d'eau très froide. Salez, poivrez, ajoutez le vinaigre. Mélangez bien, vérifiez l'assaisonnement.
> Placez au frais en attendant de servir. Versez dans des verres, parsemez de brins de ciboulette.

GASPACHO DE TOMATES ET DE CÉLERI

POUR 4 PERSONNES
PRÉPARATION : 15 MIN
RÉFRIGÉRATION : 2 H

Ingrédients : 8 tomates bien mûres, 2 gousses d'ail, 2 branches de céleri, 4 tranches de pain de mie écroûté, 2 c. à soupe d'huile d'olive, 1 c. à soupe de vinaigre de Xérès, poivre
Topping : sel de céleri

> Lavez et essuyez les tomates, coupez-les en morceaux. Pelez et hachez les gousses d'ail.
> Émincez finement les branches de céleri. Mixez les légumes, l'ail et le pain avec 75 cl d'eau très froide.
> Ajoutez l'huile, le vinaigre et du poivre. Mélangez bien, versez dans quatre verres et saupoudrez de sel de céleri. Servez très frais.

Pour changer

Ajoutez une cuillerée à soupe de curry, et/ou servez avec des gambas rôties à la poêle sans matières grasses.

GASPACHO DE TOMATES ET DE POIVRONS À LA POMME

POUR 4 PERSONNES
PRÉPARATION : 15 MIN
RÉFRIGÉRATION : 2 H

Ingrédients : 2 tomates vertes, 4 poivrons verts, 1 échalote, 1 gousse d'ail, 1 pomme granny-smith, 2 citrons verts bio, 2 c. à soupe d'huile d'olive, 1 c. à soupe de vinaigre de Xérès, sel, poivre

Topping : 1 branche de persil plat, 1 branche de menthe

> Lavez et épépinez les tomates et les poivrons. Pelez et hachez l'échalote et l'ail.

> Épluchez la pomme, coupez-la en morceaux. Prélevez le zeste des citrons et pressez-les.

> Mixez tous les ingrédients et le zeste avec le jus de citron et 50 cl d'eau très froide. Salez, poivrez, ajoutez l'huile et le vinaigre. Vérifiez l'assaisonnement.

> Placez au frais en attendant de servir. Versez dans quatre verres, décorez de feuilles de persil et de menthe ciselées.

GASPACHO DE TOMATES VERTES ET DE CONCOMBRE AU CITRON

POUR 4 PERSONNES
PRÉPARATION : 15 MIN
RÉFRIGÉRATION : 2 H

Ingrédients : 1 oignon, 1 concombre, 4 tomates vertes, 2 citrons, 1 c. à soupe de vinaigre balsamique, 2 c. à soupe d'huile d'olive, sel, poivre
Topping : ¼ de concombre, 2 lamelles de poivron rouge

> Épluchez et hachez l'oignon. Pelez et épépinez le concombre, coupez-le en morceaux.
> Émondez les tomates, épépinez-les. Pressez les citrons.
> Mixez les légumes avec le jus de citron, du sel, du poivre et 50 cl d'eau très froide. Ajoutez l'huile et le vinaigre. Vérifiez l'assaisonnement, mettez au frais en attendant de servir.
> Versez dans quatre verres et décorez de petits dés de pulpe de concombre et de quelques lamelles de poivron.

GASPACHO TRÈS VERT

POUR 4 PERSONNES
PRÉPARATION : 15 MIN
RÉFRIGÉRATION : 2 H

Ingrédients : 1 concombre, 3 tomates vertes, ½ poivron vert, 3 oignons nouveaux avec leur tige, 2 gousses d'ail, 1 citron vert, 3 c. à soupe d'huile d'olive, 1 c. à soupe de vinaigre de Xérès, 2 gouttes de Tabasco® vert, sel, poivre
Topping : ¼ concombre, 4 branches de coriandre

> Pelez le concombre, épépinez-le, coupez-le en rondelles. Lavez les tomates et le demi-poivron. Épépinez-les, essuyez-les et détaillez-les en morceaux.
> Épluchez les oignons, coupez-les en morceaux, ciselez leur tige. Pelez et émincez l'ail. Pressez le citron vert.
> Mixez tous ces ingrédients avec 50 cl d'eau très froide, salez, poivrez, ajoutez l'huile, le vinaigre et deux gouttes de Tabasco® vert. Mélangez, vérifiez l'assaisonnement.
> Versez dans quatre verres et placez au frais en attendant de servir.
> Pelez le quart de concombre, épépinez-le, coupez la pulpe en petits dés, disposez-les sur les verres. Parsemez de feuilles de coriandre et servez glacé.

VARIATIONS AUTOUR DES CRÈMES, DES SOUPES ET DES VELOUTÉS FROIDS

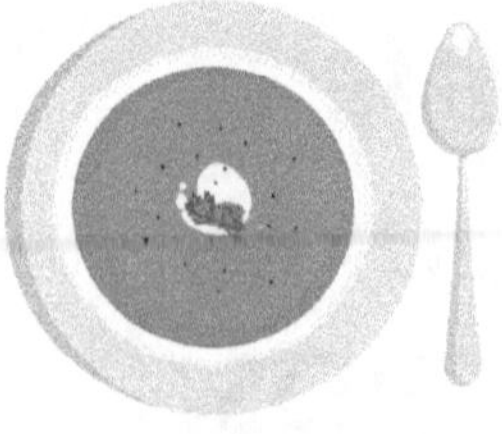

CRÈME D'ARTICHAUTS À L'ORANGE

POUR 4 PERSONNES
PRÉPARATION : 15 MIN
CUISSON : 20 MIN
RÉFRIGÉRATION : 2 H

Ingrédients : 1 gousse d'ail, 1 oignon, 400 g de fonds d'artichauts, 40 cl de bouillon de légumes, 10 cl de jus d'orange sans sucre ajouté, 1 pointe de couteau de cumin moulu, sel, poivre
Topping : 2 branches de persil plat

> Pelez l'ail et l'oignon, hachez-les.
> Faites cuire les fonds d'artichauts avec l'ail et l'oignon dans le bouillon de légumes pendant 20 minutes.
> Mixez l'ensemble, laissez refroidir, puis placez au réfrigérateur.
> Au moment de servir, ajoutez le jus d'orange, une pointe de cumin, salez, poivrez.
> Versez dans quatre bols, garnissez de feuilles de persil ciselées.

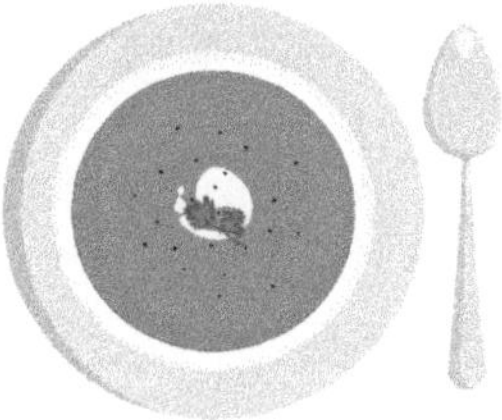

CRÈME D'AVOCAT PIMENTÉE AU CITRON

POUR 4 PERSONNES
PRÉPARATION : 15 MIN
RÉFRIGÉRATION : 2 H

Ingrédients : 1 citron, 4 avocats bien mûrs, 1 litre de bouillon de volaille dégraissé froid, 2 gouttes de Tabasco®
Topping : quelques feuilles de persil plat

> Pressez le citron.
> Prélevez la chair des avocats avec une cuillère, mixez-la avec le jus de citron, délayez avec le bouillon de volaille et ajoutez un peu de Tabasco®.
> Placez au réfrigérateur en attendant de servir. Répartissez dans des verres, parsemez de feuilles de persil.

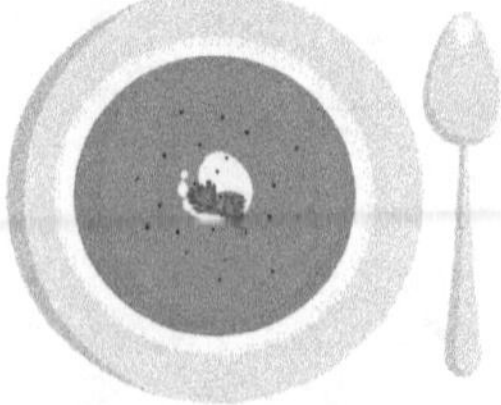

CRÈME DE BETTERAVE AU YAOURT

POUR 4 PERSONNES
PRÉPARATION : 5 MIN
RÉFRIGÉRATION : 2 H

Ingrédients : 2 grosses betteraves cuites (500 g environ), 1 gousse d'ail, 2 yaourts veloutés nature, 2 c. à soupe d'huile d'olive, sel, poivre
Topping : 2 branches de persil plat

> Pelez les betteraves et la gousse d'ail. Coupez-les en morceaux.
> Mixez-les avec les yaourts, l'huile d'olive, du sel et du poivre.
> Versez dans des verrines, placez au frais pendant 2 heures.
> Parsemez de feuilles de persil plat ciselées au moment de servir.

Pour changer

Ajoutez un concombre pelé et épépiné, ou bien saupoudrez la soupe d'un peu de cumin moulu au moment de servir.

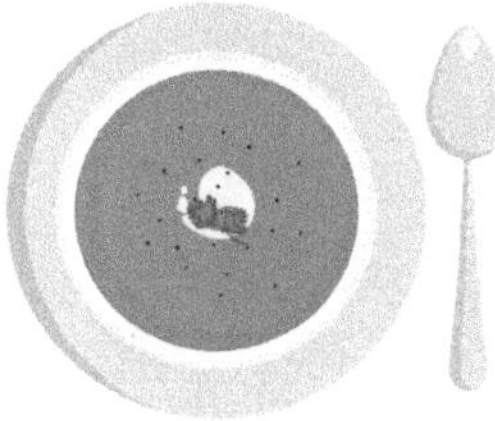

CRÈME DE CONCOMBRE À LA MENTHE

POUR 4 PERSONNES

PRÉPARATION : 10 MIN

RÉFRIGÉRATION : 2 H

Ingrédients : 3 concombres, 2 branches de menthe, 3 yaourts veloutés nature, 1 c. à soupe de jus de citron, sel, poivre

Topping : ¼ de concombre, 4 feuilles de menthe

> Pelez et épépinez les concombres, coupez-les en morceaux. Effeuillez la menthe, gardez quatre feuilles pour le décor.

> Mixez les morceaux de concombre avec les yaourts, les feuilles de menthe, du sel et du poivre, placez au réfrigérateur en attendant de servir.

> Répartissez dans quatre coupelles. Pelez et épépinez le quart de concombre, détaillez la pulpe en petits dés. Décorez les coupelles de feuilles de menthe et de dés de concombre.

Pour changer

Garnissez les coupelles de miettes de crabe.

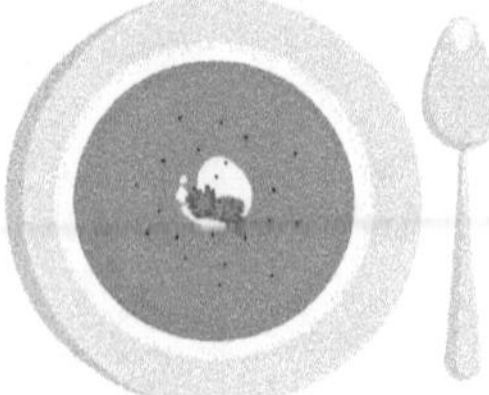

CRÈME DE COURGETTE, CURCUMA ET CUMIN À LA MENTHE

POUR 4 PERSONNES
PRÉPARATION : 10 MIN
CUISSON : 25 MIN
RÉFRIGÉRATION : 2 H

Ingrédients : 600 g de courgettes, 2 oignons nouveaux, 2 gousses d'ail, 2 branches de menthe, 2 c. à soupe d'huile d'olive, ½ c. à café de curcuma, ½ c. à café de cumin, 75 cl de bouillon de légumes
Topping : 4 belles feuilles de menthe

> Lavez et essuyez les courgettes, coupez-les en morceaux. Pelez les oignons et l'ail. Effeuillez la menthe.
> Faites chauffer l'huile dans une cocotte et laissez fondre les oignons pendant 3 minutes en mélangeant.
> Ajoutez l'ail, les courgettes, le curcuma, le cumin, les feuilles de menthe, arrosez de bouillon. Portez à ébullition, baissez le feu et laissez chauffer pendant 15 minutes.
> Mixez l'ensemble, vérifiez l'assaisonnement. Laissez refroidir puis placez au réfrigérateur pendant 2 heures.
> Au moment de servir, versez dans des bols à potage et décorez de feuilles de menthe.

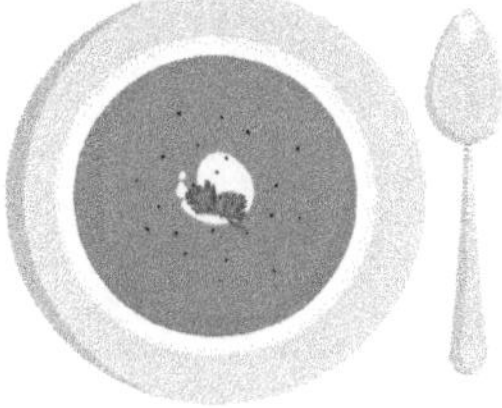

CRÈME DE COURGETTE ET CONCOMBRE AU PIMENT

POUR 4 PERSONNES
PRÉPARATION : 10 MIN
CUISSON : 10 MIN
RÉFRIGÉRATION : 2 H

Ingrédients : 2 courgettes, 50 cl de bouillon de volaille dégraissé, 1 concombre, 2 branches de menthe, 2 gouttes de Tabasco® vert
Topping : 4 belles feuilles de menthe

> Lavez et essuyez les courgettes, taillez-les en cubes, faites-les cuire dans le bouillon de volaille pendant 10 minutes.
> Pelez le concombre, épépinez-le, coupez-le en morceaux.
> Effeuillez la menthe en gardant quelques belles feuilles pour le décor.
> Mixez les courgettes, le concombre et la menthe avec du bouillon jusqu'à la consistance désirée, ajoutez un peu de Tabasco®, vérifiez l'assaisonnement.
> Placez au frais pendant 2 heures. Versez dans des verres, garnissez des feuilles de menthe réservées. Servez très frais.

Pour changer

Ajoutez un petit bulbe de fenouil émincé et faites-le cuire avec les courgettes.

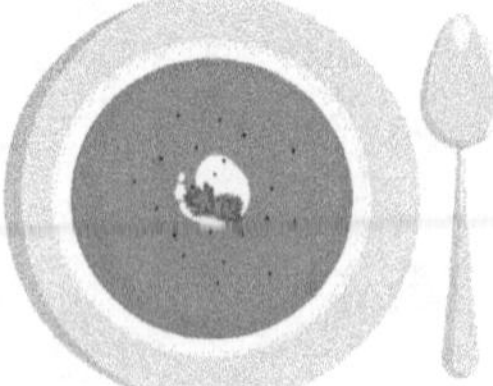

CRÈME DE COURGETTE GLACÉE AU CURRY

POUR 4 PERSONNES
PRÉPARATION : 15 MIN
CUISSON : 20 MIN
RÉFRIGÉRATION : 2 H

Ingrédients : 800 g de courgettes, 4 yaourts veloutés nature, 1 c. à soupe de curry, sel, poivre
Topping : 2 c. à soupe d'huile d'olive, 1 bouquet de coriandre

> Lavez et essuyez les courgettes, détaillez-les en cubes. Mettez-les dans une casserole, couvrez-les d'eau, salez, poivrez. Portez à ébullition, baissez le feu, couvrez, puis faites cuire pendant 15 minutes. Laissez refroidir.
> Mixez les courgettes avec les yaourts et le curry, vérifiez l'assaisonnement, placez au réfrigérateur pendant 2 heures.
> Répartissez dans quatre bols à potage, versez un filet d'huile d'olive et parsemez de feuilles de coriandre ciselées.

Pour changer

Remplacez le curry par un peu de piment d'Espelette, ou ajoutez deux gousses d'ail pelées.

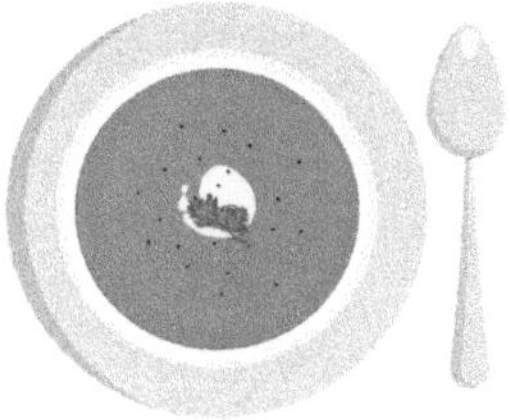

CRÈME DE COURGETTE, POIVRON ET CONCOMBRE AUX ÉPICES

POUR 4 PERSONNES
PRÉPARATION : 15 MIN
CUISSON : 10 MIN
RÉFRIGÉRATION : 2 H

Ingrédients : 2 courgettes, 1 concombre, 1 poivron vert, 2 gousses d'ail, 2 yaourts veloutés nature, 1 c. à café de coriandre en poudre, sel, poivre
Topping : 1 c. à café de paprika

> Lavez les courgettes, détaillez-les en rondelles, faites-les cuire à la vapeur pendant 10 minutes, laissez-les refroidir.
> Pelez et épépinez le concombre, épépinez le poivron vert, coupez-les en morceaux. Épluchez les gousses d'ail, émincez-les.
> Mixez les légumes avec les yaourts, de la coriandre, du sel, du poivre. Vérifiez l'assaisonnement, mettez au frais pendant 2 heures. Versez dans des verres et saupoudrez d'un peu de paprika.

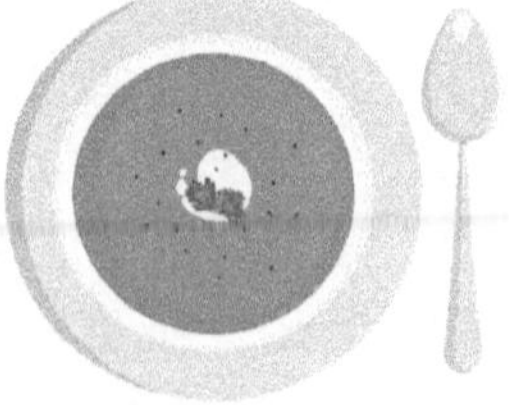

CRÈME DE HARICOTS VERTS AUX ÉPICES

POUR 4 PERSONNES
PRÉPARATION : 20 MIN
CUISSON : 10 MIN
RÉFRIGÉRATION : 2 H

Ingrédients : 600 g de haricots verts frais, 1 litre de bouillon de légumes, 1 c. à café de curry, 1 c. à café de paprika, 2 pincées de piment d'Espelette
Topping : 1 yaourt velouté nature, paprika

> Effilez les haricots verts, faites-les cuire à la vapeur pendant 10 minutes.
> Mixez les haricots verts avec le bouillon, le curry, le paprika, le piment d'Espelette. Vérifiez l'assaisonnement.
> Versez la crème dans quatre bols à potage. Laissez refroidir, puis placez au frais.
> Au moment de servir, déposez une cuillerée à soupe de yaourt au centre des bols, saupoudrez d'un peu de paprika. Servez très frais.

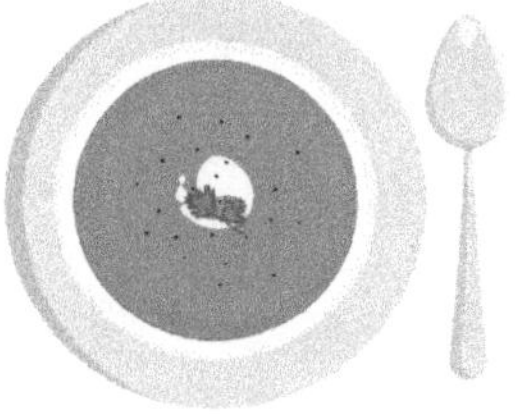

CRÈME DE POIVRONS AU PAPRIKA

POUR 4 PERSONNES
PRÉPARATION : 15 MIN
CUISSON : 20 MIN
RÉFRIGÉRATION : 2 H

Ingrédients : 4 poivrons rouges et jaunes, 2 gousses d'ail, 50 cl de bouillon de volaille dégraissé

Topping : 2 c. à soupe d'huile d'olive, 2 branches de basilic, paprika

> Placez les poivrons sur la grille du four, faites-les griller pendant 20 minutes environ en les retournant régulièrement, jusqu'à ce que la peau noircisse. Mettez-les dans un sac en plastique, attendez une dizaine de minutes, puis retirez la peau et les graines.

> Pelez et émincez les gousses d'ail. Mixez les légumes avec un peu de bouillon jusqu'à la consistance désirée et placez la soupe au réfrigérateur pendant au moins 2 heures.

> Versez la soupe dans des verres, arrosez-la d'un peu d'huile d'olive, parsemez-la de feuilles de basilic finement ciselées et d'une pincée de paprika. Servez glacé.

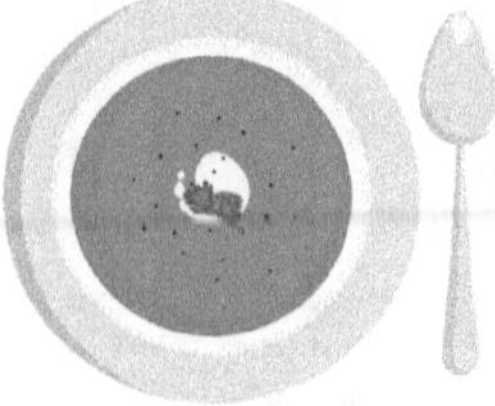

MINESTRONE GLACÉ DE JEUNES COURGETTES AUX HERBES

POUR 4 PERSONNES
PRÉPARATION : 15 MIN
CUISSON : 10 MIN
RÉFRIGÉRATION : 2 H

Ingrédients : 600 g de petites courgettes, 4 petits oignons nouveaux, 3 gousses d'ail, 2 tomates, 75 cl de bouillon de légumes, 1 bouquet garni, 2 pincées de piment d'Espelette
Topping : 2 c. à soupe d'huile d'olive, 4 branches de basilic, 4 branches de persil plat, 1 c. à soupe de pignons torréfiés

> Lavez et essuyez les courgettes, coupez-les en rondelles. Pelez les oignons, hachez-les avec leur tige. Pelez les gousses d'ail, hachez-les. Pelez et épépinez les tomates, coupez la pulpe en dés.
> Versez le bouillon de légumes dans une cocotte, ajoutez le bouquet garni et le piment, plongez les oignons, l'ail, les dés de tomates et les rondelles de courgettes. Portez à ébullition, baissez le feu et poursuivez la cuisson pendant 3 minutes. Laissez refroidir à température ambiante, puis placez au réfrigérateur.
> Au moment de servir, versez le minestrone dans quatre assiettes creuses, arrosez d'un peu d'huile d'olive. Ciselez finement les feuilles de basilic et de persil, parsemez-en les assiettes et ajoutez les pignons torréfiés.

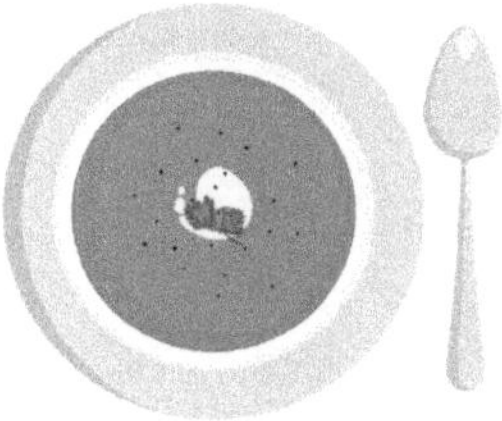

SALMOREJO

POUR 4 PERSONNES
PRÉPARATION : 20 MIN
RÉFRIGÉRATION : 2 H

Ingrédients : 1 gousse d'ail, 800 g de tomates, 150 g de pain écroûté rassis, 1 c. à soupe de vinaigre de Xérès, 6 c. à soupe d'huile d'olive, sel

> Pelez la gousse d'ail. Pelez et épépinez les tomates. Détaillez le pain en morceaux.

> Mixez les tomates avec l'ail, le vinaigre et le pain. Salez, versez l'huile et le vinaigre, mélangez bien. Ajoutez un peu d'eau glacée pour obtenir la consistance souhaitée.

> Répartissez dans quatre coupelles et placez au réfrigérateur en attendant de servir.

Mon conseil

Ajoutez deux œufs durs émiettés sur la soupe au moment de servir. L'usage, en Espagne, consiste à servir des copeaux de jambon cru en accompagnement.

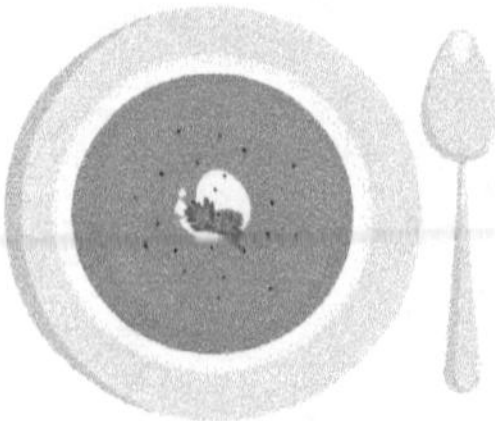

SOUPE DE CAROTTES AU GINGEMBRE

POUR 4 PERSONNES
PRÉPARATION : 10 MIN
CUISSON : 15 MIN
RÉFRIGÉRATION : 2 H

Ingrédients : 800 g de carottes, 1 oignon, 2 cm de gingembre, 75 cl de bouillon de légumes
Topping : 2 c. à soupe d'huile d'olive, 2 branches de persil

> Épluchez les carottes, l'oignon et le gingembre, râpez-les.
> Mettez-les dans une marmite, arrosez-les de bouillon, faites cuire pendant 10 minutes, puis mixez l'ensemble.
> Vérifiez l'assaisonnement. Laissez refroidir à température ambiante, puis placez au réfrigérateur pendant 2 heures.
> Versez dans quatre verres, arrosez d'un peu d'huile d'olive, et parsemez de feuilles de persil ciselées.

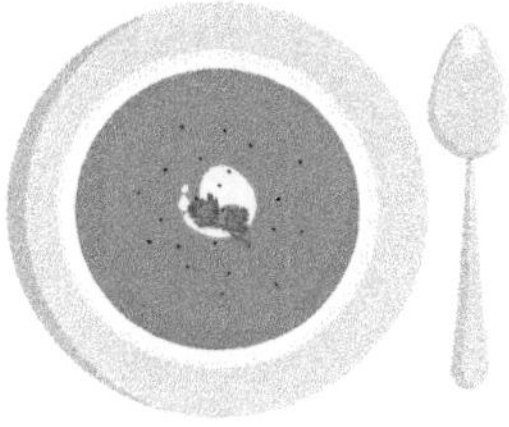

SOUPE DE COCOS GLACÉE AUX TOMATES CONFITES

POUR 4 PERSONNES
PRÉPARATION : 15 MIN
CUISSON : 50 MIN
RÉFRIGÉRATION : 2 H

Ingrédients : 100 g de haricots cocos frais écossés, 75 cl de bouillon de légumes, piment d'Espelette, sel, poivre
Topping : 4 tomates confites

> La veille, faites tremper les haricots cocos dans de l'eau froide. Égouttez-les et faites-les cuire avec le bouillon de légumes à couvert pendant 50 minutes.
> Mixez les cocos en ajoutant du bouillon jusqu'à la consistance désirée. Ajoutez un peu de piment. Vérifiez l'assaisonnement, laissez refroidir puis placez au réfrigérateur.
> Coupez les tomates confites en petits dés.
> Versez la soupe dans quatre bols, disposez dessus des dés de tomates confites, servez bien frais.

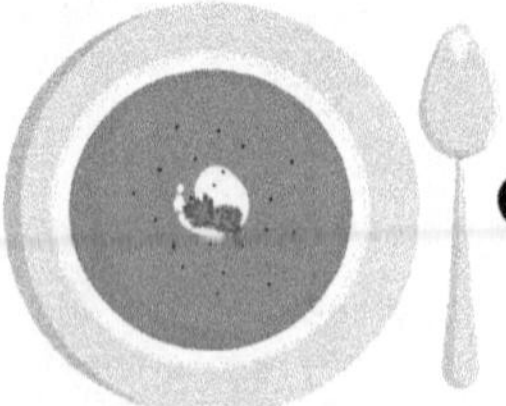

SOUPE DE MELON GLACÉE À LA MUSCADE

POUR 4 PERSONNES

PRÉPARATION : 10 MIN

RÉFRIGÉRATION : 2 H

Ingrédients : 1 gros melon ou 2 petits, noix de muscade moulue, sel, poivre

> Ouvrez le melon, retirez les graines et prélevez la pulpe.

> Mixez-la avec un peu de noix de muscade, du sel, du poivre. Placez au frais.

> Versez dans quatre verrines et servez glacé.

Mon conseil

Si cette soupe vous semble trop épaisse, allongez-la avec un peu d'eau glacée.

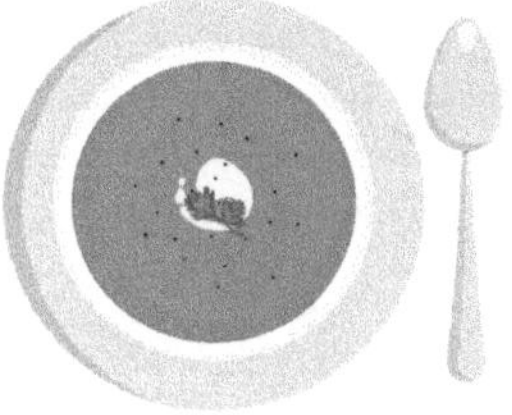

SOUPE FROIDE DE PETITS POIS ET ROQUETTE

POUR 4 PERSONNES
PRÉPARATION : 10 MIN
CUISSON : 5 MIN
RÉFRIGÉRATION : 2 H

Ingrédients : 200 g de roquette, 1 litre de bouillon de volaille dégraissé, 200 g de petits pois frais ou surgelés

Topping : quelques feuilles de roquette

> Nettoyez la roquette, essorez-la. Réservez quelques feuilles.

> Portez le bouillon à ébullition, plongez les petits pois et la roquette, laissez cuire pendant 5 minutes. Mixez l'ensemble.

> Vérifiez l'assaisonnement, laissez refroidir, puis placez au réfrigérateur pendant 2 heures.

> Répartissez dans quatre bols, disposez dessus les feuilles de roquette réservées.

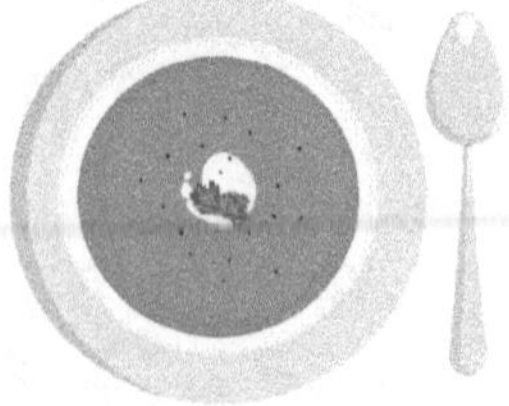

SOUPE FROIDE DE RADIS

POUR 4 PERSONNES
PRÉPARATION : 10 MIN
RÉFRIGÉRATION : 2 H

Ingrédients : 2 bottes de radis, 2 yaourts nature à 0 % de MG, 1 c. à soupe de vinaigre balsamique, sel, poivre du moulin
Topping : 4 branches de persil plat

> Épluchez les radis en coupant les fanes que vous pouvez garder pour réaliser une autre soupe.
> Détaillez les radis en rondelles, mixez-les avec les yaourts, le vinaigre, du sel et du poivre.
> Versez dans quatre verrines, parsemez de feuilles de persil ciselées. Servez très frais.

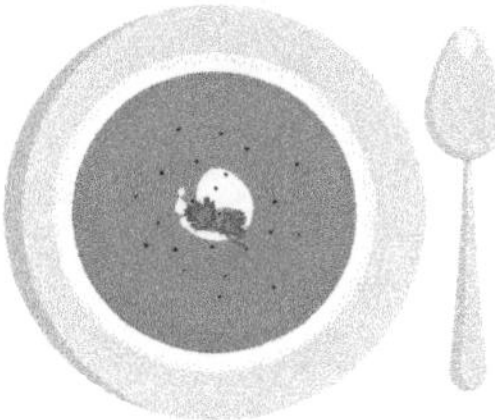

SOUPE FROIDE MAÏS ET COCO AU PIMENT

POUR 4 PERSONNES
PRÉPARATION : 5 MIN
CUISSON : 20 MIN
RÉFRIGÉRATION : 3 H

Ingrédients : 400 g de lait de coco, 1 boîte de grains de maïs (450 g), piment d'Espelette, 1 citron vert, sel, poivre

> Versez le lait de coco dans une grande casserole, ajoutez 20 cl d'eau, les graines de maïs et saupoudrez d'un peu de piment.
> Portez à ébullition, baissez le feu et laissez cuire pendant 20 minutes.
> Mixez l'ensemble longuement afin d'obtenir une soupe bien lisse. Filtrez éventuellement afin d'éliminer les peaux du maïs restantes.
> Pressez le citron vert. Ajoutez le jus de citron, salez, poivrez et vérifiez l'assaisonnement.
> Placez au frais pendant 3 heures.

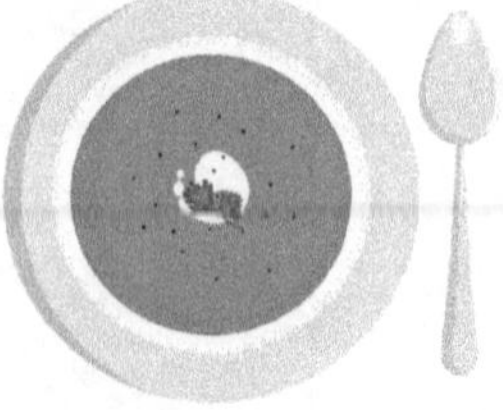

SOUPE VERTE

POUR 4 PERSONNES
PRÉPARATION : 15 MIN
RÉFRIGÉRATION : 2 H

Ingrédients : 1 botte de radis roses, 1 botte d'oignons nouveaux, 500 g d'asperges cuites en bocal, 3 cm de gingembre, sel, poivre
Topping : 2 branches de basilic

> Épluchez les radis, lavez-les. Pelez les oignons en gardant un peu de leur tige. Égouttez les asperges. Pelez le gingembre.
> Mixez l'ensemble avec du sel, du poivre et 50 cl d'eau très froide.
> Versez dans des bols, décorez de basilic ciselé, servez très frais.

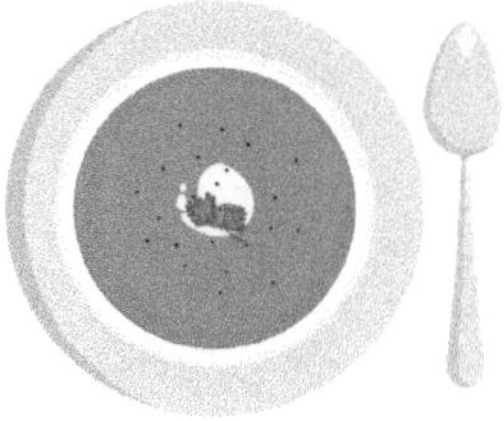

VELOUTÉ D'ASPERGES

POUR 4 PERSONNES
PRÉPARATION : 10 MIN
CUISSON : 15 MIN
RÉFRIGÉRATION : 2 H

Ingrédients : 1 kg d'asperges blanches, 50 cl de bouillon de légumes, 3 c. à soupe d'huile d'olive, sel, poivre

> Pelez les asperges, coupez l'extrémité filandreuse.
> Versez le bouillon de légumes dans une grande casserole, portez à ébullition, plongez les asperges, baissez le feu, couvrez et laissez cuire pendant 15 minutes.
> Retirez délicatement les asperges avec une écumoire, déposez-les sur un linge plié.
> Prélevez une douzaine de pointes d'asperges pour le décor, réservez.
> Mixez le reste des asperges avec le bouillon et l'huile. Vérifiez l'assaisonnement.
> Laissez refroidir à température ambiante, puis mettez au réfrigérateur pendant 2 heures.
> Versez le velouté dans des assiettes creuses, disposez dessus quelques pointes d'asperges réservées. Servez très frais.

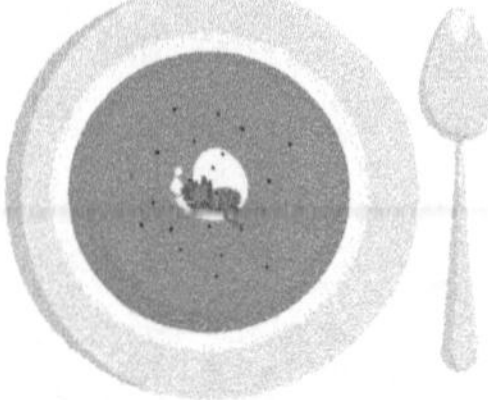

VELOUTÉ D'AVOCAT À L'ORANGE

POUR 4 PERSONNES
PRÉPARATION : 10 MIN
RÉFRIGÉRATION : 2 H

Ingrédients : 4 oranges bio, 3 avocats, sel, poivre
Topping : 4 branches de persil plat

> Prélevez le zeste de deux oranges. Pressez les quatre oranges.
> Prélevez la chair des avocats avec une cuillère, mixez-la avec le jus des oranges, du sel et du poivre.
> Hachez le persil avec le zeste. Répartissez le velouté dans quatre verrines, parsemez de hachis de zeste et de persil. Mettez au réfrigérateur au moins 2 heures. Servez glacé.

Pour changer

Remplacez les quatre oranges par deux oranges, un pamplemousse et un citron.

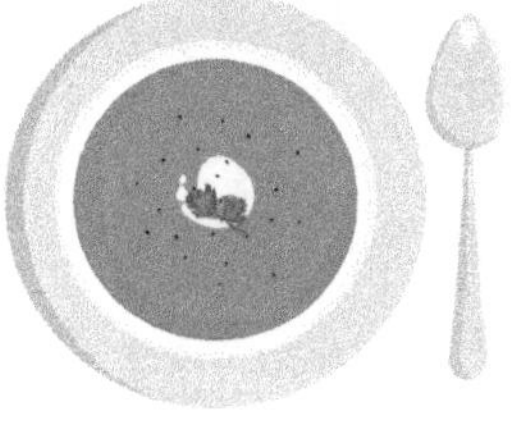

VELOUTÉ D'AVOCAT AU LAIT DE COCO

POUR 4 PERSONNES
PRÉPARATION : 10 MIN
RÉFRIGÉRATION : 2 H

Ingrédients : 2 citrons verts, 2 gros avocats bien mûrs, 20 cl de lait de coco, 3 c. à soupe d'huile d'olive, 1 pointe de couteau de piment d'Espelette, sel
Topping : 8 brins de coriandre

> Pressez les citrons verts.
> Pelez les avocats, retirez le noyau, mixez la chair avec le lait de coco, le jus de citron vert, l'huile d'olive, un peu de sel et de piment.
> Répartissez le velouté dans quatre verrines, parsemez de feuilles de coriandre ciselées et servez bien frais.

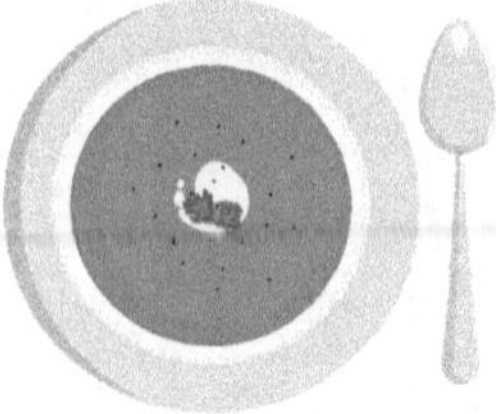

VELOUTÉ DE CRESSON AUX ASPERGES

POUR 4 PERSONNES
PRÉPARATION : 20 MIN
CUISSON : 15 MIN
RÉFRIGÉRATION : 2 H

Ingrédients : 500 g d'asperges blanches, 50 cl de bouillon de légumes, ½ botte de cresson, 2 gousses d'ail, 1 oignon nouveau
Topping : quelques feuilles de cresson

> Pelez les asperges, coupez le bout terreux. Versez le bouillon dans une cocotte, portez-le à ébullition, plongez les asperges, et laissez-les cuire pendant 15 minutes.
> Épluchez, lavez et essorez le cresson. Pelez l'ail et l'oignon, émincez-les.
> Mixez les asperges avec l'ail, l'oignon, le cresson et le bouillon jusqu'à la consistance désirée.
> Laissez refroidir, puis placez au frais pendant 2 heures. Versez dans des bols à potage, décorez de feuilles de cresson.

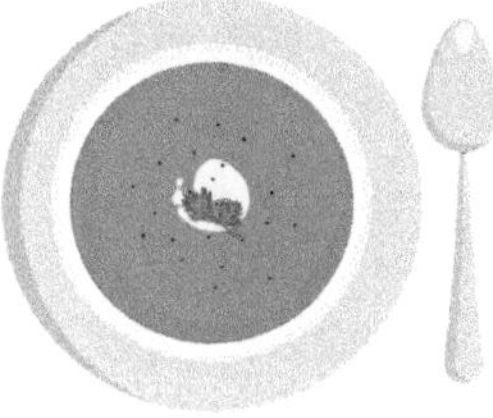

VELOUTÉ DE LÉGUMES FROID AU CITRON VERT

POUR 4 PERSONNES
PRÉPARATION : 20 MIN
CUISSON : 40 MIN
RÉFRIGÉRATION : 2 H

Ingrédients : 1 blanc de poireau, 4 courgettes, 2 bulbes de fenouil, 1 laitue, 2 citrons verts bio, 4 c. à soupe d'huile d'olive, 4 branches de persil, 4 branches de coriandre, 1 branche de menthe, sel, poivre

> Émincez les légumes après les avoir nettoyés.
> Épluchez la laitue, ciselez-la grossièrement.
> Prélevez les zestes d'un citron.
> Faites chauffer une cuillerée à soupe d'huile dans une cocotte, mettez les légumes et le zeste de citron vert, mélangez, salez, poivrez, arrosez d'un litre d'eau.
> Portez à ébullition, baissez le feu, couvrez et laissez cuire pendant 40 minutes.
> Pressez les citrons verts.
> Mixez les légumes avec le bouillon, le reste d'huile d'olive, les herbes ciselées et le jus des citrons.
> Laissez refroidir à température ambiante, puis placez au réfrigérateur. Servez bien frais.

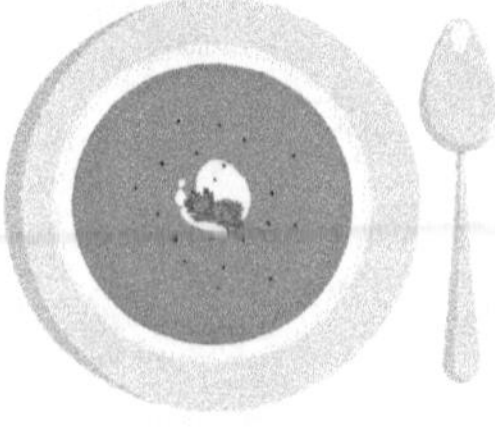

VELOUTÉ D'ÉPINARDS ET D'AVOCAT

POUR 4 PERSONNES
PRÉPARATION : 15 MIN
CUISSON : 20 MIN
RÉFRIGÉRATION : 2 H

Ingrédients : 400 g d'épinards frais, 2 oignons, 1 citron vert bio, 1 c. à soupe d'huile d'olive, noix de muscade râpée, 2 avocats, 2 pincées de piment d'Espelette, 2 yaourts veloutés nature, sel, poivre

> Lavez, épongez, équeutez les épinards, ciselez-les. Pelez et émincez les oignons.
> Râpez le zeste du citron vert, réservez.
> Faites chauffer l'huile dans une cocotte, mettez les oignons, laissez-les fondre pendant 5 minutes en mélangeant, puis ajoutez les feuilles d'épinards, de la noix de muscade, du sel et du poivre.
> Couvrez d'eau à hauteur. Laissez cuire à feu doux pendant 15 minutes. Mixez les épinards avec un peu de bouillon de cuisson, vérifiez l'assaisonnement, laissez refroidir.
> Pressez le citron vert. Pelez les avocats, prélevez la chair, citronnez-la.
> Mixez les épinards avec la chair d'avocat et un peu de piment, ajoutez les yaourts, mélangez bien. Répartissez dans quatre verrines. Parsemez de zeste de citron râpé.
> Placez au réfrigérateur pendant 2 heures.

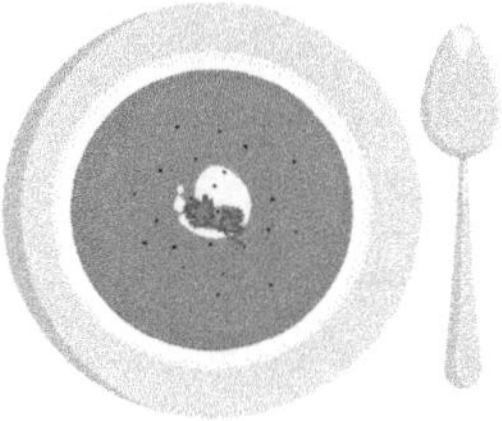

VELOUTÉ FROID DE FENOUIL À L'ANETH

POUR 4 PERSONNES
PRÉPARATION : 10 MIN
CUISSON : 20 MIN
RÉFRIGÉRATION : 2 H

Ingrédients : 6 petits bulbes de fenouil, 2 petits oignons nouveaux, 50 cl de bouillon de légumes, 2 c. à soupe d'huile d'olive, 2 c. à soupe de vinaigre blanc
Topping : 1 bouquet d'aneth

> Émincez finement les bulbes de fenouil. Pelez et hachez les oignons.
> Réunissez-les dans une grande cocotte, couvrez-les de bouillon, portez à ébullition, baissez le feu et laissez cuire pendant 20 minutes.
> Mixez, laissez refroidir, ajoutez l'huile et le vinaigre, vérifiez l'assaisonnement.
> Placez au réfrigérateur pendant 2 heures avant de servir. Versez dans des verrines, décorez de brins d'aneth ciselés.

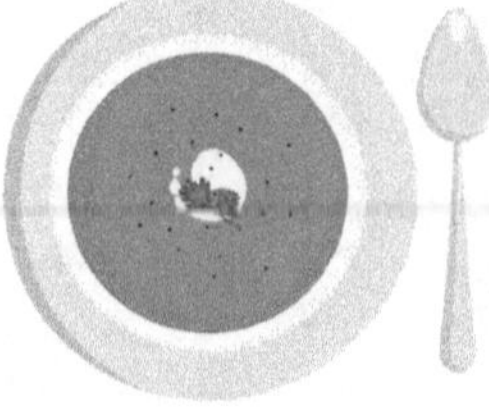

VELOUTÉ FROID DE PETITS POIS, AVOCAT ET CÉLERI AU CHOU KALE

POUR 4 PERSONNES
PRÉPARATION : 20 MINUTES
CUISSON : 15 MIN
RÉFRIGÉRATION : 2 H

Ingrédients : 300 g de petits pois écossés, 50 cl de bouillon de légumes, ½ concombre, 1 branche de céleri, 1 pomme, 1 avocat, 6 feuilles de chou kale, ½ citron

Topping : feuilles de céleri

> Faites cuire les petits pois et les feuilles de chou kale pendant 15 minutes dans le bouillon de légumes, laissez refroidir.

> Épluchez le demi-concombre, épépinez-le, coupez-le en morceaux. Tronçonnez la branche de céleri en réservant les feuilles. Pelez la pomme, taillez-la en morceaux, citronnez-les pour éviter qu'ils noircissent. Pelez l'avocat, prélevez la chair.

> Mixez tous les légumes ensemble avec 50 cl d'eau froide. Salez, poivrez, vérifiez l'assaisonnement.

> Mettez au frais pendant 2 heures. Versez dans des bols à potage. Parsemez de feuilles de céleri ciselées.

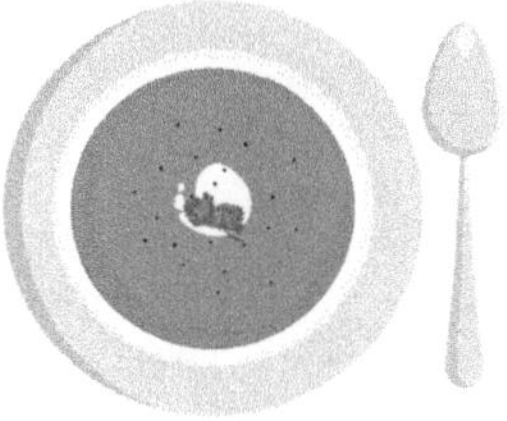

VELOUTÉ FROID DE POIREAU, TOMATE ET POMME

POUR 4 PERSONNES
PRÉPARATION : 15 MIN
CUISSON : 35 MIN
RÉFRIGÉRATION : 2 H

Ingrédients : 1 échalote, 1 gousse d'ail, 2 carottes, 1 pomme granny-smith, 2 poireaux, 600 g de tomates, 2 c. à soupe d'huile d'olive, 1 litre de bouillon de légumes
Topping : 4 branches de basilic

> Pelez l'échalote, la gousse d'ail, les carottes, la pomme et coupez-les en petits dés. Nettoyez les poireaux, émincez-les finement. Pelez et épépinez les tomates, coupez-les en dés également.
> Faites chauffer l'huile dans une cocotte, faites revenir tous les légumes pendant 5 minutes, puis arrosez-les de bouillon. Portez à ébullition, baissez le feu et laissez cuire pendant 30 minutes.
> Mixez l'ensemble, laissez refroidir, vérifiez l'assaisonnement et placez au réfrigérateur pendant au moins 2 heures.
> Versez dans des assiettes à potage, parsemez de feuilles de basilic ciselées.

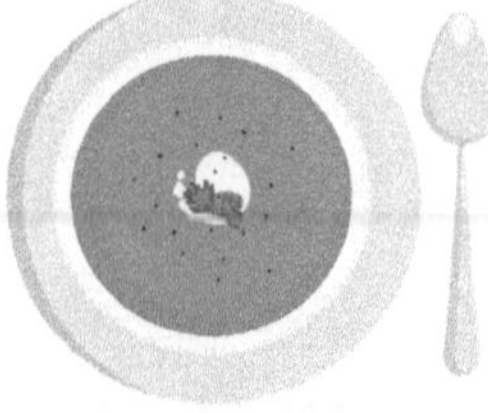

VELOUTÉ GLACÉ DE PERSIL PLAT AU CURRY

POUR 4 PERSONNES
PRÉPARATION : 10 MIN
CUISSON : 10 MIN
RÉFRIGÉRATION : 2 H

Ingrédients : 2 bouquets de persil plat, 1 petit concombre, 1 litre de bouillon de légumes, 2 gouttes de Tabasco®, 1 pincée de curry en poudre, sel et poivre
Topping : 4 belles feuilles de persil plat

> Lavez, équeutez puis hachez finement le persil plat.
> Pelez le concombre, épépinez-le et détaillez-le en petits cubes.
> Portez le bouillon de légumes à ébullition et plongez-y le persil et le concombre.
> Laissez cuire pendant 10 minutes puis mixez en incorporant le Tabasco® et le curry en poudre.
> Vérifiez l'assaisonnement, versez dans quatre verres, décorez de quelques feuilles de persil. Placez au frais pendant 2 heures au moins avant de servir.

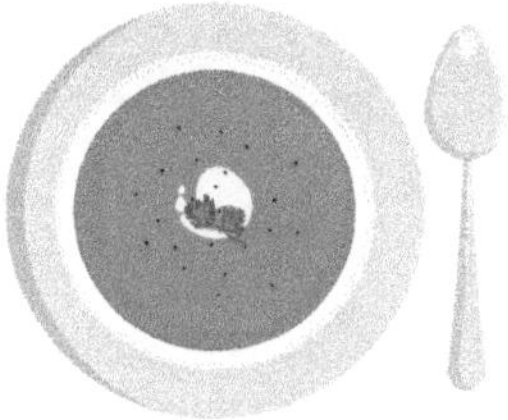

VELOUTÉ GLACÉ DE RADIS NOIR AU LAIT DE COCO

POUR 4 PERSONNES
PRÉPARATION : 10 MIN
CUISSON : 25 MIN
RÉFRIGÉRATION : 2 H

Ingrédients : 2 petits radis noirs (environ 400 g), 25 cl de lait de coco allégé, sel, poivre

Topping : 2 c. à soupe d'huile de noisette, quelques feuilles de persil plat

> Pelez les radis noirs, coupez-les en morceaux.

> Mettez-les dans une cocotte, arrosez de lait de coco, ajoutez 25 cl d'eau, du sel et du poivre.

> Portez à ébullition, baissez le feu et laissez cuire pendant 20 minutes. Mixez, vérifiez l'assaisonnement, placez au réfrigérateur.

> Au moment de servir, versez dans des bols à potage, ajoutez un filet d'huile de noisette, parsemez de feuilles de persil ciselées.

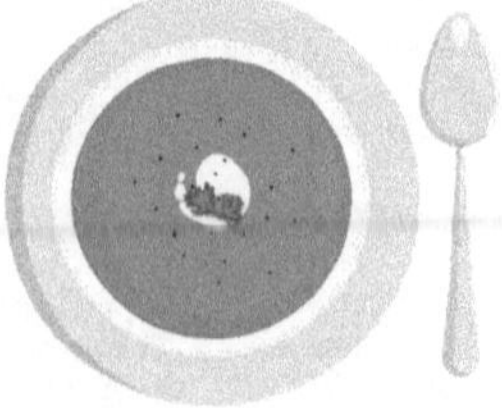

VELOUTÉ GLACÉ DE TOMATES ET CONCOMBRE AU CITRON

POUR 4 PERSONNES
PRÉPARATION : 15 MIN
RÉFRIGÉRATION : 2 H

Ingrédients : 2 grosses tomates bien mûres, 1 concombre, 2 oignons, 2 citrons, 2 c. à soupe d'huile d'olive, sel, poivre
Topping : 2 branches de basilic

> Lavez les tomates et le concombre, épépinez-les, coupez-les en morceaux. Pelez les oignons.
> Mixez les légumes pour obtenir un velouté homogène.
> Pressez les citrons, ajoutez le jus au velouté, ainsi que de l'huile, du sel et du poivre.
> Mélangez bien, placez au réfrigérateur pendant 2 heures.
> Répartissez le velouté dans des verres et parsemez de feuilles de basilic ciselées. Servez glacé.

LA CHALEUR

VARIATIONS AUTOUR DES BOUILLONS

BOUILLON DE BŒUF À L'INDIENNE

POUR 4 PERSONNES
PRÉPARATION : 15 MIN
CUISSON : 2 H

Ingrédients : 400 g de bœuf à braiser, 2 poivrons rouges, 2 gousses d'ail, 2 oignons, 1 c. à soupe de curry doux, 50 cl de lait de coco allégé, 50 cl de bouillon de bœuf dégraissé, sel, poivre
Topping : 1 bouquet de coriandre

> Coupez le bœuf en cubes. Lavez les poivrons, retirez le pédoncule, les parties blanches et les graines, détaillez-les en lanières. Pelez et émincez l'ail et l'oignon.

> Mettez les légumes et le bœuf dans une grande cocotte, saupoudrez de curry, arrosez de lait de coco et de bouillon de bœuf. Portez à ébullition, puis faites cuire pendant 2 heures à feu très doux.

> Retirez la viande et les légumes avec une écumoire, vérifiez l'assaisonnement, salez et poivrez si nécessaire.

> Filtrez le bouillon, répartissez-le dans quatre bols et parsemez de feuilles de coriandre ciselées. Servez bien chaud.

BOUILLON DE BŒUF CHOU ET BETTERAVE

POUR 4 PERSONNES
PRÉPARATION : 20 MIN
CUISSON : 40 MIN

Ingrédients : 1 carotte, 1 oignon, 1 branche de céleri, 1 blanc de poireau, 2 tomates, 1 litre de bouillon de bœuf allégé, 1 bouquet garni, ¼ de chou frisé, 2 betteraves cuites

Topping : 1 yaourt velouté nature

> Épluchez la carotte et l'oignon, émincez-les finement, ainsi que la branche de céleri et le blanc de poireau. Pelez les tomates, retirez les graines et coupez la pulpe en petits dés.

> Versez le bouillon de bœuf dans une casserole, ajoutez les légumes émincés, les tomates en dés et le bouquet garni. Portez à ébullition, puis baissez le feu et laissez cuire pendant 20 minutes.

> Pendant ce temps, détaillez les feuilles de chou en fines lanières, faites-les blanchir dans de l'eau bouillante pendant 3 minutes, puis incorporez-les au bouillon et prolongez la cuisson pendant 15 minutes.

> Pelez et râpez grossièrement les betteraves.

> Répartissez le bouillon dans quatre assiettes creuses, parsemez de râpé de betterave. Décorez d'un fin filet de yaourt. Servez bien chaud.

BOUILLON DE FENOUIL À L'ANIS

POUR 4 PERSONNES
PRÉPARATION : 10 MIN
CUISSON : 30 MIN

Ingrédients : 2 bulbes de fenouil, 1 c. à soupe d'huile d'olive, 1 litre de bouillon de légumes, 1 c. à soupe de graines de fenouil, 2 cl d'apéritif anisé

> Émincez finement les bulbes de fenouil, faites-les fondre doucement dans une cocotte avec une cuillerée à soupe d'huile d'olive puis arrosez-les de bouillon de légumes.
> Ajoutez les graines de fenouil et l'apéritif. Portez à ébullition, baissez le feu et poursuivez la cuisson pendant 30 minutes.
> Filtrez le bouillon et répartissez-le dans des bols, servez très chaud.

BOUILLON DE LÉGUMES CITRONNELLE GINGEMBRE

POUR 4 PERSONNES
PRÉPARATION : 10 MIN
CUISSON : 1 H

Ingrédients : 3 carottes, 3 branches de céleri, 3 gousses d'ail, 8 cm de gingembre, 3 tiges de citronnelle, 1 bouquet de coriandre, 1 feuille de citron kaffir, 1 c. à soupe de pâte miso blanc

> Pelez les carottes, émincez-les en fines rondelles. Détaillez le céleri en petits tronçons. Pelez et écrasez les gousses d'ail. Pelez le gingembre, coupez-le en dés.
> Réunissez tous les légumes dans une cocotte, recouvrez d'eau. Ajoutez le gingembre râpé, la citronnelle, le bouquet de coriandre, la feuille de citron kaffir et la pâte miso émiettée.
> Portez à ébullition, puis baissez le feu et laissez cuire pendant 1 heure. Filtrez le bouillon. Dégustez chaud ou froid.

BOUILLON DE LÉGUMES D'ÉTÉ

POUR 4 PERSONNES
PRÉPARATION : 15 MIN
CUISSON : 45 MIN

Ingrédients : 4 tomates, 2 bulbes de fenouil, 2 courgettes, 2 poivrons rouges, 2 gousses d'ail, 1 oignon, 1 c. à soupe d'huile d'olive, 1 branche de thym, 1 branche de romarin, sel, poivre
Topping : 4 branches de basilic

> Lavez et essuyez les légumes, détaillez-les en petits morceaux. Pelez l'ail et l'oignon, émincez-les.
> Faites revenir les légumes dans une grande cocotte avec l'huile d'olive, salez, poivrez, ajoutez le thym et le romarin, arrosez avec un litre d'eau.
> Portez à ébullition, puis baissez le feu et laissez cuire pendant 45 minutes. Vérifiez l'assaisonnement, filtrez et dégustez dans des tasses, après avoir parsemé des feuilles de basilic ciselées.

Pour changer

Ajoutez une pincée de piment d'Espelette dans chaque tasse si vous souhaitez un bouillon corsé.

BOUILLON DE LÉGUMES D'HIVER

POUR 4 PERSONNES
PRÉPARATION : 15 MIN
CUISSON : 1 H

Ingrédients : 2 carottes, 2 navets, 1 poireau, ¼ de céleri-rave, 1 panais, 2 oignons, 1 gousse d'ail, 1 bouquet garni, sel, poivre
Topping : 4 branches de persil

> Pelez les légumes, coupez-les en dés, mettez-les dans une grande cocotte, ajoutez le bouquet garni, salez, poivrez, recouvrez d'eau.
> Portez à ébullition. Baissez le feu et laissez cuire pendant 1 heure.
> Passez le bouillon, servez dans des bols et parsemez de feuilles de persil ciselées.

BOUILLON DE POIREAUX AU GINGEMBRE

POUR 4 PERSONNES
PRÉPARATION : 15 MIN
CUISSON : 45 MIN

Ingrédients : 1 kg de poireaux, 1 à 2 c. à café de gingembre moulu, sel, poivre

> Épluchez les poireaux, nettoyez-les soigneusement sous le robinet afin d'éliminer toute trace de terre. Coupez-les en deux dans leur longueur et liez-les avec du fil de cuisine.
> Mettez les poireaux dans un fait-tout, arrosez-les d'un litre et demi d'eau, salez, poivrez et ajoutez le gingembre. Portez à ébullition, et laissez cuire pendant 45 minutes. Retirez les poireaux en les égouttant, réservez-les.
> Dégustez le bouillon de poireaux chaud, tiède ou froid.

BOUILLON DE POT-AU-FEU

POUR 4 PERSONNES
PRÉPARATION : 15 MIN
CUISSON : 4 H

Ingrédients : 800 g de joue de bœuf, 4 carottes, 4 navets, 2 oignons, 4 clous de girofle, 1 branche de céleri, 4 blancs de poireaux, 1 bouquet garni, sel, poivre

> Rincez la joue de bœuf sous l'eau froide. Pelez les carottes, les navets, coupez-les en quatre. Pelez les oignons, piquez-les de clous de girofle, détaillez la branche de céleri en tronçons, lavez les blancs de poireaux.

> Mettez tous les légumes dans une grande cocotte, le bouquet garni, un peu de sel et de poivre, et recouvrez d'eau.

> Portez à ébullition, puis baissez le feu et laissez cuire pendant 1 heure. Ajoutez la joue de bœuf, prolongez la cuisson pendant 3 heures.

> Retirez la viande et les légumes, passez le bouillon, dégraissez-le. Réchauffez le bouillon à feu doux avant de le servir dans des bols.

Pour changer

Ajoutez des pâtes complètes qui cuiront pendant le réchauffage.

COMMENT DÉGRAISSER UN BOUILLON DE VIANDE

Après la cuisson, laissez-le refroidir à température ambiante, puis placez-le au réfrigérateur pendant plusieurs heures. Retirez alors la graisse qui s'est formée en surface avec une écumoire, jetez-la. Réchauffez le bouillon.
Si vous n'avez pas le temps, mettez des glaçons dans un sac en plastique étanche, plongez le sac dans le bouillon, la graisse se figera autour du sac. Il faudra cependant réchauffer le bouillon quelques minutes.

BOUILLON DE POTIMARRON ET CÉLERI, ORANGE ET GINGEMBRE

POUR 4 PERSONNES
PRÉPARATION : 15 MIN
CUISSON : 20 MIN

Ingrédients : ¼ de céleri-rave, ½ potimarron, 1 poireau, 2 oranges bio, 3 cm de gingembre, 1 litre de bouillon de volaille dégraissé, 1 c. à soupe de 5 épices
Topping : 4 branches de coriandre

> Épluchez le céleri et le potimarron, coupez-les en dés. Nettoyez et émincez le poireau. Prélevez plusieurs bandes de zestes d'orange, pressez les fruits. Pelez et râpez le gingembre.
> Versez le jus d'orange dans une grande cocotte, ajoutez les légumes, les zestes d'orange et portez à ébullition sans cesser de mélanger.
> Lorsque le jus commence à caraméliser, ajoutez le bouillon de volaille, les épices. Portez à ébullition, puis baissez le feu, couvrez et laissez cuire pendant 20 minutes.
> Filtrez le bouillon, versez-le dans quatre bols et décorez de feuilles de coriandre ciselées.

BOUILLON DE VOLAILLE

POUR 4 PERSONNES
PRÉPARATION : 10 MIN
CUISSON : 1 H

Ingrédients : 1 oignon, 2 clous de girofle, 2 gousses d'ail, 1 branche de céleri, 2 carottes, 1 carcasse de volaille (poulet, dinde, pintade, coquelets), les restes de découpes sans la peau, 1 bouquet garni, sel, poivre

> Pelez l'oignon, piquez-le de clous de girofle.
> Pelez les gousses d'ail, épluchez les carottes, coupez-les en grosses rondelles. Détaillez la branche de céleri en tronçons.
> Mettez les légumes, la carcasse et les restes de poulet dans une grande marmite, ajoutez le bouquet garni, salez et poivrez, arrosez avec un litre d'eau.
> Portez à ébullition, puis baissez le feu et laissez frémir pendant 1 heure.
> Filtrez le bouillon avant de le servir dans des bols.

BOUILLON D'HERBES

POUR 4 PERSONNES
PRÉPARATION : 15 MIN
CUISSON : 20 MIN

Ingrédients : 1 courgette, 1 poignée de pousses d'épinards, 1 bouquet de persil plat, 1 bouquet d'estragon, 1 bouquet de cerfeuil, 1 c. à soupe de thym citron, 2 échalotes, 1 gousse d'ail, 1 c. à soupe d'huile d'olive, 1 litre de bouillon de légumes

> Lavez la courgette, coupez-la en petits dés. Lavez, essorez, équeutez les pousses d'épinards, émincez-les. Lavez et ciselez les herbes. Pelez et hachez les échalotes et la gousse d'ail.
> Faites chauffer l'huile d'olive, mettez les légumes et les herbes, mélangez, arrosez de bouillon de légumes et faites cuire pendant 20 minutes.
> Filtrez le bouillon, versez dans des tasses et servez bien chaud.

BOUILLON D'OIGNONS, DE POIREAUX ET DE CERFEUIL

POUR 4 PERSONNES
PRÉPARATION : 15 MIN
CUISSON : 30 MIN

Ingrédients : 2 oignons, 2 poireaux, 1 bouquet garni, ½ c. à café de graines de coriandre, 1 bouquet de cerfeuil, sel, poivre

> Pelez et hachez les oignons. Nettoyez les poireaux, émincez-les.
> Réunissez oignon, poireau et cerfeuil dans une cocotte, ajoutez les graines de coriandre, le bouquet de cerfeuil, arrosez d'un litre d'eau, salez, poivrez et portez à ébullition.
> Baissez le feu, couvrez et laissez cuire pendant 30 minutes.
> Filtrez le bouillon avant de servir bien chaud.

Pour changer

Ajoutez une demi-cuillerée à café de cumin.

BOUILLON SUPER DÉTOX

POUR 4 PERSONNES
PRÉPARATION : 15 MIN
CUISSON : 1 H

Ingrédients : 3 gousses d'ail, 2 oignons, 2 carottes, 1 tête de brocoli, 2 blancs de poireaux, 3 branches de céleri, 2 petits bulbes de fenouil, 1 bouquet garni, sel, poivre

> Pelez l'ail, les oignons et les carottes, puis émincez-les. Séparez le brocoli en petits bouquets. Nettoyez les blancs de poireaux, coupez-les en rondelles.
> Tronçonnez les branches de céleri. Émincez les bulbes de fenouil.
> Réunissez l'ensemble dans une grande cocotte avec le bouquet garni, arrosez de deux litres d'eau. Salez, poivrez et portez à ébullition, baissez le feu, couvrez et laissez cuire pendant 1 heure.
> Retirez les légumes avec une écumoire, passez le bouillon, dégustez-le bien chaud.

Pour changer

Mixez les légumes avec le bouillon si vous préférez un velouté de légumes.

VARIATIONS AUTOUR DES NAGES

Les bouillons corsés accompagnés de volaille, poisson, coquillages ou légumes avec des herbes fraîches pour décor, qu'on appelle des « nages » sont tendance. Légers, colorés, savoureux, vous les servez en entrée ou en plat principal selon votre humeur. Parfait pour vos repas entre filles. Choisissez de belles assiettes à potage ou des grands bols, ou encore des petites cocottes individuelles pour une présentation raffinée.

NAGE DE CANARD AU GINGEMBRE

POUR 4 PERSONNES
PRÉPARATION : 20 MIN
CUISSON : 40 MIN

Ingrédients : 4 navets, 1 carotte, ¼ de boule de céleri-rave, 1 poireau, 1 gousse d'ail, 4 cm de gingembre, 1 c. à café de cumin, 1 c. à soupe de cannelle moulue, 1 c. à soupe de graines de coriandre, 2 clous de girofle, 2 c. à soupe d'huile, 1 litre de bouillon de volaille, 400 g d'aiguillettes de canard
Topping : 2 c. à soupe de graines de sésame grillées

> Pelez navets, carotte, et céleri, émincez-les. Nettoyez le poireau, détaillez-le en julienne.
> Épluchez la gousse d'ail et le gingembre. Mixez-les avec le cumin, la cannelle, les graines de coriandre, les clous de girofle et l'huile.
> Versez le bouillon dans une cocotte, ajoutez les épices mixées et faites cuire pendant 20 minutes.
> Ajoutez les légumes, prolongez la cuisson pendant 10 minutes, puis déposez les aiguillettes de canard. Poursuivez la cuisson pendant 10 minutes.
> Versez le bouillon, les légumes et le canard dans des assiettes creuses, parsemez de graines de sésame grillées.

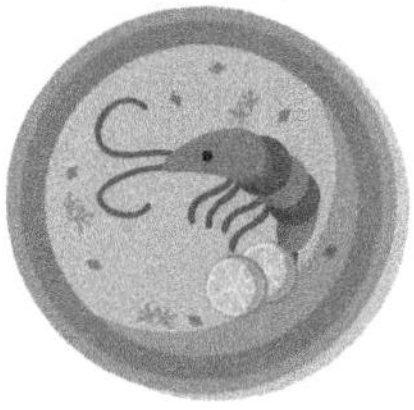

NAGE DE CHAMPIGNONS ÉPICÉE

POUR 4 PERSONNES
PRÉPARATION : 15 MIN
CUISSON : 10 MIN

Ingrédients : 1 sachet de champignons noirs déshydratés, 4 petits oignons blancs, 2 gousses d'ail, 3 cm de gingembre, 300 g de champignons de Paris, 75 cl de bouillon de légumes, 1 c. à soupe de graines de coriandre, 2 pincées (ou plus) de piment d'Espelette
Topping : 1 bouquet de coriandre

> Mettez les champignons noirs dans un bol, recouvrez-les d'eau et laissez-les se réhydrater pendant 15 minutes.
> Pelez les oignons et les gousses d'ail, émincez-les. Pelez le gingembre, coupez-le en fins bâtonnets. Coupez le bout terreux des champignons de Paris, lavez-les rapidement sous l'eau froide, émincez-les.
> Réunissez les ingrédients dans une cocotte, arrosez de bouillon, ajoutez les graines de coriandre grossièrement concassées et quelques pincées de piment d'Espelette. Portez à ébullition, baissez le feu et laissez cuire pendant 10 minutes.
> Vérifiez l'assaisonnement. Répartissez la nage dans quatre bols, décorez de coriandre ciselée.

Pour changer

Ajoutez au moment de servir des dés de poulet grillé.

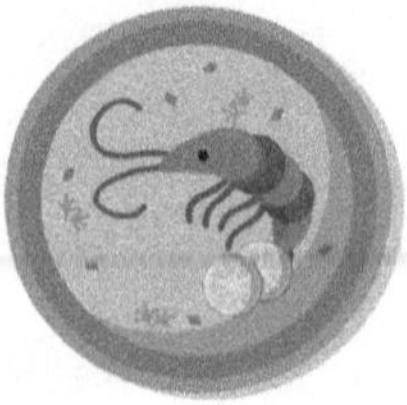

NAGE DE CREVETTES À LA THAÏE

POUR 4 PERSONNES
PRÉPARATION : 15 MIN
CUISSON : 40 MIN

Ingrédients : 2 carottes, 2 oignons, 2 gousses d'ail, 2 cm de gingembre frais, 16 crevettes roses crues, 2 tiges de citronnelle, 75 cl de bouillon de légumes, 25 cl de lait de coco allégé
Topping : 4 branches de coriandre

> Épluchez les carottes, les oignons et les gousses d'ail, émincez-les. Pelez et râpez le gingembre.
> Décortiquez les crevettes.
> Placez les légumes, l'ail, le gingembre et la citronnelle dans une cocotte, arrosez de bouillon et de lait de coco.
> Portez à ébullition, laissez chauffer pendant 30 minutes, puis plongez les crevettes dans le bouillon, prolongez la cuisson pendant 10 minutes.
> Versez la nage dans quatre bols, déposez quelques crevettes cuites et parsemez de feuilles de coriandre ciselées.

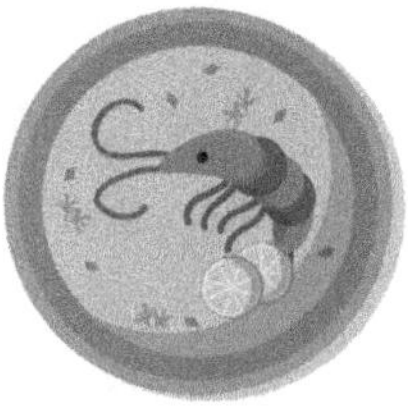

NAGE DE CREVETTES, SAUMON FRAIS ET CIBOULETTE

POUR 4 PERSONNES
PRÉPARATION : 10 MIN
CUISSON : 15 MIN

Ingrédients : 2 carottes, 2 navets, ¼ de céleri-rave (250 g environ), 4 gros champignons de Paris, 200 g de saumon frais, 8 crevettes roses cuites, 1 litre de bouillon de volaille dégraissé
Topping : 12 brins de ciboulette

> Pelez et émincez en julienne les carottes, les navets et le céleri. Coupez le bout terreux des champignons, lavez-les rapidement, épongez-les, émincez-les. Détaillez le saumon en lanières, décortiquez les crevettes.
> Mettez les carottes, les navets, le céleri dans une cocotte, arrosez de bouillon, portez à ébullition, baissez le feu et laissez frémir pendant 5 minutes.
> Ajoutez les champignons, prolongez la cuisson pendant 5 minutes, puis déposez les lanières de saumon. Laissez chauffer encore 5 minutes.
> Répartissez le bouillon, les légumes, les crevettes et les lanières de saumon dans quatre assiettes creuses, décorez de brins de ciboulette.

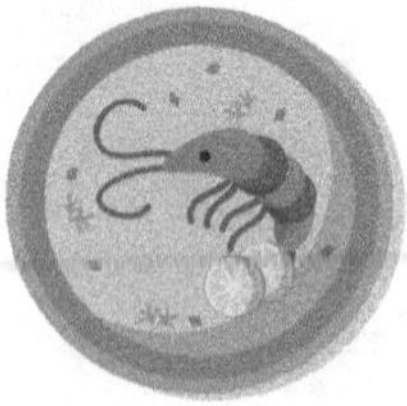

NAGE DE DAURADE AUX LÉGUMES

POUR 4 PERSONNES
PRÉPARATION : 20 MIN
CUISSON : 30 MIN

Ingrédients : 4 petites carottes, 4 petites pommes de terre, 1 oignon, 2 gousses d'ail, 1 poireau, 600 g de filets de daurade, 75 cl de bouillon de légumes, 2 c. à soupe d'huile d'olive

> Pelez carottes, pommes de terre, oignon, ail, coupez-les en julienne. Épluchez et nettoyez le poireau, détaillez-le également en bâtonnets.
> Coupez les filets de daurade en gros dés.
> Faites revenir les légumes avec deux cuillerées à soupe d'huile d'olive dans une cocotte pendant 5 minutes en mélangeant.
> Ajoutez le bouillon de légumes, couvrez, portez à ébullition, puis laissez frémir pendant 20 minutes. Déposez les dés de daurade, prolongez la cuisson pendant 5 minutes.
> Vérifiez l'assaisonnement, rectifiez si besoin, puis répartissez dans quatre petites cocottes individuelles. Servez bien chaud.

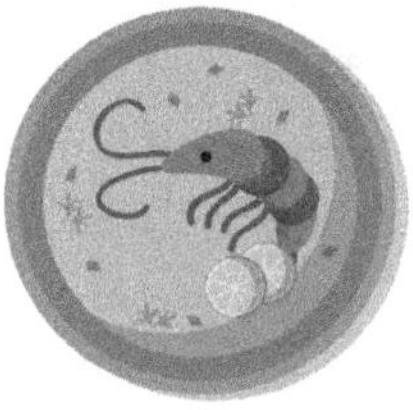

NAGE DE GAMBAS AUX HERBES

POUR 4 PERSONNES
PRÉPARATION : 15 MIN
CUISSON : 15 MIN

Ingrédients : 75 cl de bouillon de volaille dégraissé, 16 gambas crues, 1 bouquet de coriandre, 1 bouquet de persil plat, 3 branches de menthe, 4 branches de basilic, 1 citron vert
Topping : 2 c. à café de sauce de soja, 4 branches de coriandre

> Portez le bouillon à ébullition.
> Décortiquez les gambas, plongez-les dans le bouillon, laissez frémir pendant 5 minutes.
> Ciselez toutes les herbes, pressez le citron vert. Ajoutez les herbes et le jus de citron au bouillon. Prolongez la cuisson de 10 minutes.
> Vérifiez l'assaisonnement, répartissez dans quatre assiettes creuses, arrosez d'un peu de sauce de soja, parsemez de feuilles de coriandre ciselées.

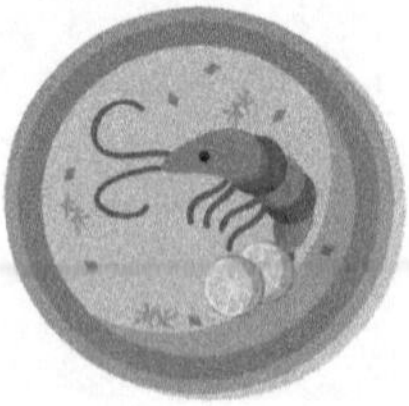

NAGE DE LÉGUMES DU PRINTEMPS AU CRESSON

POUR 4 PERSONNES
PRÉPARATION : 15 MIN
CUISSON : 15 MIN

Ingrédients : 1 botte de carottes fanes nouvelles, 1 botte d'oignons nouveaux, 1 botte de navets fanes, 1 gousse d'ail, ½ botte de cresson, 1 litre de bouillon de légumes, 2 branches de thym, sel, poivre
Topping : feuilles de cresson réservées

> Pelez les carottes, les oignons et les navets en gardant pour chacun un demi-centimètre de fanes. Pelez la gousse d'ail.
> Lavez le cresson, réservez quelques belles feuilles pour le décor, ciselez-le.
> Portez à ébullition dans une cocotte le bouillon de légumes avec le thym et l'ail. Plongez les légumes dans le bouillon, laissez chauffer pendant 10 minutes.
> Ajoutez les feuilles de cresson, prolongez la cuisson de 2 minutes.
> Vérifiez l'assaisonnement, retirez le thym. Répartissez le bouillon et les légumes dans quatre assiettes creuses, parsemez de feuilles de cresson réservées.

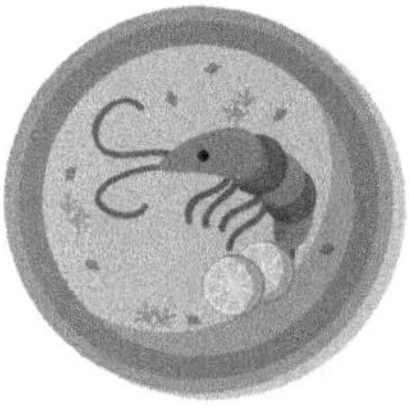

NAGE DE MOULES À LA TOMATE ET AU CURRY

POUR 4 PERSONNES
PRÉPARATION : 15 MIN
CUISSON : 20 MIN

Ingrédients : 24 belles moules de bouchot, 2 gousses d'ail, 1 échalote, 2 c. à soupe d'huile, 1 litre de fumet de poisson, 2 c. à soupe de tomates concassées, 1 c. à soupe de curry en poudre, sel, poivre

> Grattez les moules, lavez-les dans plusieurs eaux.

> Pelez l'ail et l'échalote, hachez-les. Faites chauffer l'huile dans une grande casserole, faites fondre l'ail et l'échalote en mélangeant pendant 3 minutes, puis ajoutez les moules et laissez-les s'ouvrir à feu vif en secouant régulièrement la casserole. Lorsque les moules sont ouvertes, sortez-les avec une écumoire, retirez une coquille sur deux.

> Ajoutez au jus de cuisson le fumet de poisson, les tomates concassées, le curry. Portez à ébullition puis passez le bouillon.

> Répartissez le bouillon dans quatre assiettes creuses, disposez les moules, servez aussitôt.

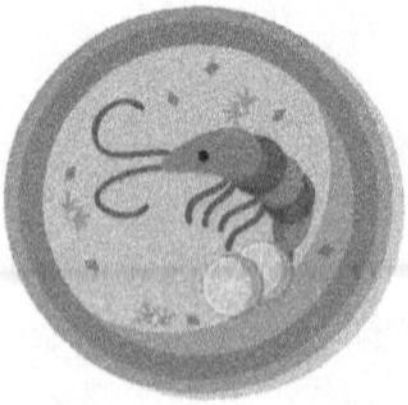

NAGE DE POISSONS AU FENOUIL

POUR 4 PERSONNES
PRÉPARATION : 30 MIN
CUISSON : 20 MIN

Ingrédients : 200 g de queue de lotte désossée, 4 crevettes roses, 2 bulbes de fenouil, 1 litre de bouillon de légumes, 1 bouquet garni, 2 étoiles de badiane, 4 filets de rouget, 4 noix de saint-jacques sans corail
Topping : 2 c. à soupe d'huile d'olive, 12 brins de ciboulette

> Coupez la lotte en cubes, décortiquez les crevettes. Émincez les bulbes de fenouil.
> Versez le bouillon de légumes dans une grande casserole, ajoutez le bouquet garni et les étoiles de badiane, portez-le à ébullition.
> Plongez les morceaux de lotte, les filets de rouget et le fenouil émincé. Laissez chauffer pendant 10 minutes, puis ajoutez les crevettes et les noix de saint-jacques. Prolongez la cuisson pendant 8 minutes.
> Répartissez le poisson, les saint-jacques, le fenouil et les crevettes dans des assiettes creuses, arrosez de bouillon. Versez un filet d'huile d'olive et décorez de brins de ciboulette.

NAGE DE POISSONS AU SAFRAN

POUR 4 PERSONNES
PRÉPARATION : 10 MIN
CUISSON : 15 MIN

Ingrédients : 800 g de filets de poissons (rougets, saumon, lotte, flétan...), 2 gousses d'ail, 1 litre de bouillon de poisson, 1 dosette de safran, 2 c. à soupe d'huile d'olive, sel, poivre

> Coupez les filets de poissons en tronçons. Pelez et hachez les gousses d'ail.
> Faites chauffer le bouillon de poisson avec le safran dans une casserole jusqu'à ébullition, réservez.
> Faites chauffer l'huile dans une grande poêle, faites revenir les filets de poisson avec l'ail pendant une dizaine de minutes.
> Répartissez le bouillon dans quatre assiettes creuses, puis déposez délicatement les morceaux de poisson. Servez bien chaud.

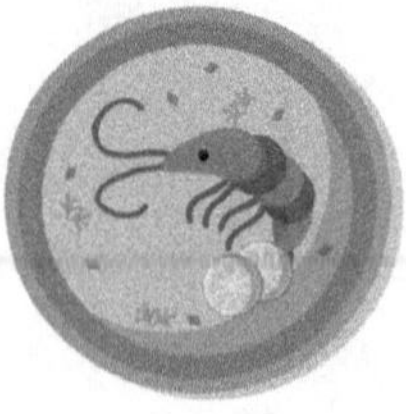

NAGE DE POULET À LA THAÏE

POUR 4 PERSONNES
PRÉPARATION : 15 MIN
CUISSON : 45 MIN

Ingrédients : 3 carottes, 3 petits oignons, 2 gousses d'ail, 2 petits poireaux, 2 cm de gingembre frais, 50 g de pousses de soja, 1 litre de bouillon de volaille, 2 c. à soupe de sauce de soja, 2 tiges de citronnelle, 250 g d'escalopes de poulet
Topping : 4 branches de coriandre fraîche

> Épluchez les carottes, les oignons, les gousses d'ail et les poireaux, puis émincez-les. Pelez et râpez le gingembre.
> Réunissez les légumes épluchés et les pousses de soja dans une grande cocotte. Arrosez de bouillon de volaille, ajoutez la sauce de soja, le gingembre râpé et la citronnelle.
> Détaillez les escalopes de poulet en lamelles, déposez-les dans la cocotte.
> Portez à ébullition, baissez le feu et laissez cuire pendant 45 minutes.
> Retirez le poulet et les légumes avec une écumoire. Filtrez le bouillon, versez-le dans des bols. Répartissez légumes et lamelles de poulet, parsemez de feuilles de coriandre ciselées.

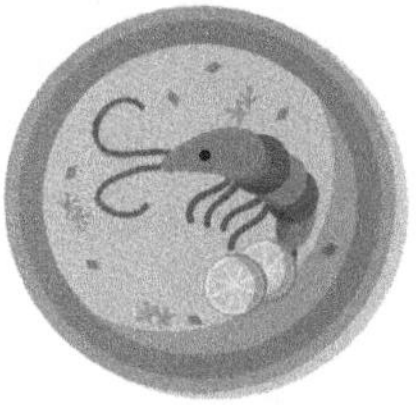

NAGE DE POULET À L'ORIENTALE

POUR 4 PERSONNES
PRÉPARATION : 15 MIN
CUISSON : 35 MIN

Ingrédients : 2 carottes, 2 courgettes, 1 branche de céleri, 1 navet, 1 oignon, 4 blancs de poulet, 1 c. à soupe d'huile d'olive, 1 bouquet garni, ½ c. à café de paprika, 1 litre de bouillon de volaille, 300 g de pois chiches au naturel en bocal
Topping : 4 branches de coriandre, 1 poignée de raisins secs

> Épluchez les légumes. Coupez les carottes et les courgettes en rondelles, le céleri en tronçons, le navet en quatre, émincez l'oignon. Détaillez les blancs de poulet en dés.
> Faites revenir l'oignon et les dés de poulet avec une cuillerée à soupe d'huile d'olive dans une grande cocotte. Ajoutez les légumes, le bouquet garni, saupoudrez de paprika et arrosez de bouillon de volaille.
> Portez à ébullition, baissez le feu, couvrez et laissez chauffer à feu doux pendant 30 minutes. Ajoutez les pois chiches égouttés, prolongez la cuisson de 5 minutes.
> Retirez le bouquet garni, répartissez le bouillon, les dés de poulet et les légumes dans quatre assiettes creuses, parsemez de feuilles de coriandre et de quelques raisins secs.

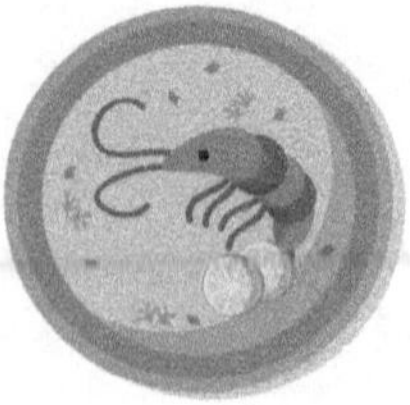

NAGE DE POULET AUX MORILLES

POUR 4 PERSONNES
PRÉPARATION : 10 MIN
RÉHYDRATATION : 30 MIN
CUISSON : 20 MIN

Ingrédients : 100 g de morilles séchées, 200 g de blanc de poulet, 1 c. à soupe d'huile d'olive, 1 litre de bouillon de volaille dégraissé
Topping : 1 botte de cerfeuil

> Réhydratez les morilles dans un bol d'eau chaude pendant 30 minutes. Égouttez-les, séchez-les sur du papier absorbant.
> Détaillez le poulet en petites lanières.
> Faites revenir les morilles avec l'huile dans une grande casserole pendant 5 minutes en les retournant souvent. Mouillez avec le bouillon de volaille, ajoutez les lanières de poulet et faites chauffer jusqu'à ébullition.
> Prolongez la cuisson pendant 10 minutes. Vérifiez l'assaisonnement, salez et poivrez si nécessaire.
> Répartissez dans quatre bols et décorez de feuilles de cerfeuil ciselées.

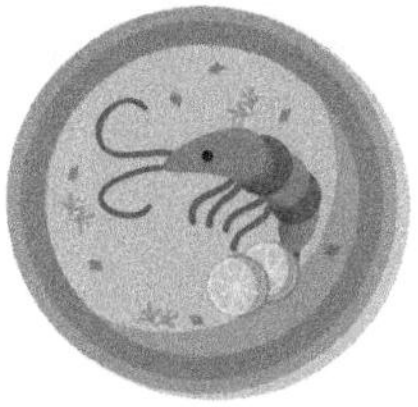

NAGE DE POULET FAÇON POT-AU-FEU

POUR 4 PERSONNES
PRÉPARATION : 15 MIN
CUISSON : 30 MIN

Ingrédients : 4 découpes de poulet fermier, 4 carottes, 2 oignons, 2 courgettes, 2 poireaux, 1 bulbe de fenouil, 2 clous de girofle, 2 feuilles de laurier, 1 bâton de cannelle, 1 étoile de badiane, sel, poivre
Topping : poivre du moulin, feuilles de persil

> Retirez soigneusement la peau et les parties grasses des découpes de poulet.
> Pelez les carottes, coupez-les en rondelles. Pelez et émincez les oignons. Lavez les courgettes, taillez-les en rondelles également. Nettoyez les poireaux, émincez-les. Émincez le bulbe de fenouil.
> Mettez les légumes dans une cocotte, ajoutez le poulet, les clous de girofle, le laurier, la cannelle, la badiane, salez, poivrez. Recouvrez d'eau. Portez à ébullition, baissez le feu et laissez chauffer pendant 30 minutes. Vérifiez l'assaisonnement, retirez les aromates.
> Répartissez le poulet, les légumes et le bouillon de cuisson dans quatre assiettes creuses. Donnez un tour de moulin à poivre et décorez de quelques feuilles de persil.

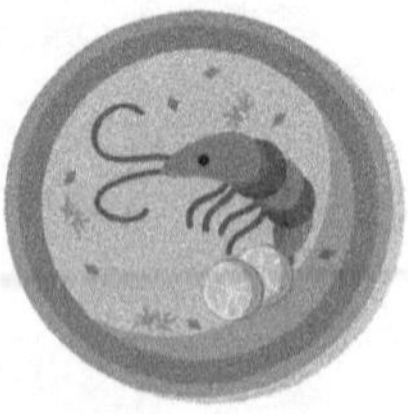

NAGE DE SAINT-JACQUES À LA CITRONNELLE

POUR 4 PERSONNES
PRÉPARATION : 10 MIN
CUISSON : 10 MIN

Ingrédients : 100 g de céleri-rave, 1 carotte, 1 litre de bouillon de légumes, 1 tige de citronnelle, 8 noix de saint-jacques sans corail
Topping : fleur de sel, 1 bouquet de coriandre fraîche, poivre du moulin

> Pelez le céleri et la carotte, émincez-les finement. Versez le bouillon de légumes dans une grande casserole, mettez les légumes, la citronnelle, portez à ébullition, puis baissez le feu et laissez chauffer pendant 5 minutes.
> Rincez et épongez les noix de saint-jacques, plongez-les dans le bouillon, et prolongez la cuisson pendant 4 minutes.
> Répartissez le bouillon et les saint-jacques dans des assiettes creuses, parsemez de fleur de sel, de feuilles de coriandre ciselées et donnez un tour de moulin à poivre. Servez aussitôt.

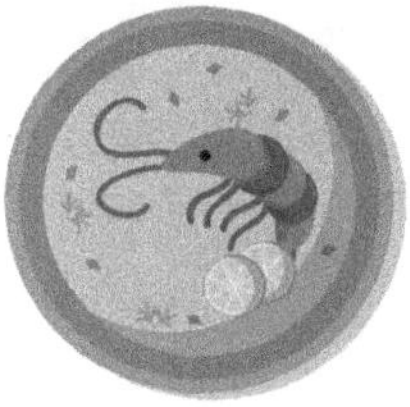

NAGE DE SAINT-JACQUES ET LÉGUMES D'ANTAN

POUR 4 PERSONNES
PRÉPARATION : 20 MIN
CUISSON : 40 MIN

Ingrédients : 400 g de panais, 400 g de topinambours, 400 g de navets, 12 noix de saint-jacques sans corail, 2 sachets de bouillon de coquillages, 1 gousse d'ail, 10 cl de vin blanc
Topping : poivre du moulin, un filet huile d'olive, 4 c. à café de paillettes d'algues bio

> Pelez les légumes, coupez-les en petits dés réguliers.
> Mettez-les dans une casserole, recouvrez-les d'eau froide, salez légèrement, portez à ébullition et faites cuire pendant 20 minutes. Retirez délicatement les légumes du bouillon avec une écumoire. Réservez au chaud.
> Rincez et épongez les noix de saint-jacques, coupez-les en tranches très fines à l'aide d'un couteau bien aiguisé, répartissez-les dans quatre bols.
> Diluez les sachets de bouillon avec 75 cl d'eau, ajoutez la gousse d'ail pelée et écrasée ainsi que le vin blanc.
> Portez à ébullition et laissez réduire de moitié. Versez ce bouillon sur les noix de saint-jacques.
> Ajoutez les dés de légumes réservés. Donnez un tour de moulin à poivre, arrosez d'un filet d'huile d'olive et parsemez de paillettes d'algues. Servez aussitôt.

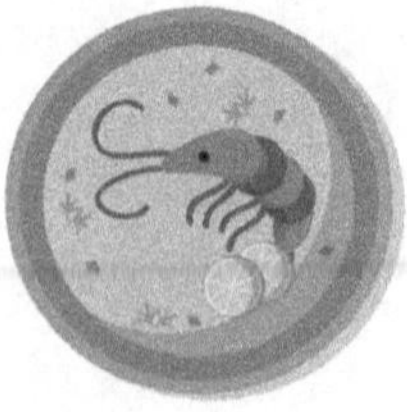

NAGE DE SAUMON AUX HERBES ET AU GINGEMBRE

POUR 4 PERSONNES
PRÉPARATION : 20 MIN
CUISSON : 30 MIN

Ingrédients : 1 carotte, ¼ de céleri-rave, 1 oignon, 1 blanc de poireau, 3 cm de gingembre, 1 feuille de laurier, 1 citron vert, 1 c. à café de coriandre moulue, 1 c. à café de quatre-épices, 400 g de filet de saumon, sel, poivre
Topping : ½ bouquet de coriandre, ½ bouquet d'aneth, 12 brins de ciboulette

> Pelez la carotte, le céleri, l'oignon, détaillez-les en dés. Nettoyez le blanc de poireau, émincez-le. Pelez le gingembre, râpez-le.
> Réunissez les légumes dans une cocotte, ajoutez la feuille de laurier, le gingembre râpé, du sel et du poivre. Arrosez d'un litre d'eau. Portez à ébullition, baissez le feu, couvrez et laissez chauffer pendant 20 minutes.
> Pressez le citron vert. Ajoutez la coriandre moulue, le quatre-épices, le jus de citron vert. Prolongez la cuisson pendant 5 minutes.
> Coupez le saumon en cubes, plongez-le dans le bouillon, laissez pocher pendant 5 minutes.
> Répartissez le bouillon, les légumes et le saumon dans quatre assiettes creuses, garnissez-les d'un mélange d'herbes ciselées.

Pour changer

Remplacez le gingembre par une dosette de safran, ou encore ajoutez 20 cl de coulis de tomates après la cuisson des légumes.

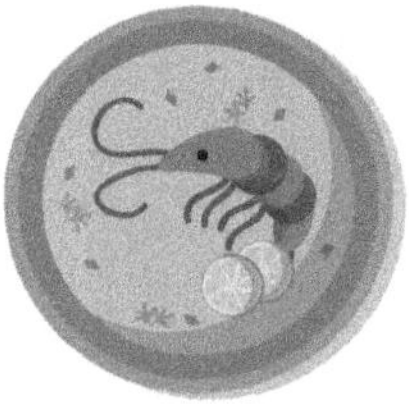

NAGE DE SAUMON AUX LÉGUMES DE PRINTEMPS

POUR 4 PERSONNES
PRÉPARATION : 15 MIN
CUISSON : 30 MIN

Ingrédients : 2 jeunes poireaux, 2 carottes nouvelles, 4 petits oignons nouveaux, 100 g de petits pois écossés, 100 g de feuilles d'épinards frais, 400 g de saumon frais, sel, poivre
Topping : un filet d'huile d'olive, 4 brins d'aneth, 1 c. à soupe de baies roses

> Nettoyez soigneusement les poireaux, émincez-les en julienne. Pelez les carottes, coupez-les en fines rondelles. Pelez les oignons, laissez-les entiers avec un peu de tige verte.
> Réunissez les légumes dans une cocotte, recouvrez-les d'eau, salez, poivrez. Portez à ébullition, baissez le feu, couvrez, laissez chauffer environ 10 minutes. Ajoutez les petits pois, les épinards, prolongez la cuisson de 10 minutes. Pendant ce temps, coupez le saumon en cubes, faites-les pocher dans de l'eau bouillante salée pendant 10 minutes.
> Répartissez les légumes et les cubes de saumon dans quatre assiettes creuses, versez un filet d'huile d'olive, décorez de brins d'aneth et de baies roses.

Mon conseil

Choisissez des petits oignons de même taille pour une présentation plus élégante.

Pour changer

Remplacez une partie du bouillon par 20 cl de lait de coco allégé.

VOYAGE À TRAVERS LE MONDE

AJO BLANCO (ESPAGNE)

POUR 4 PERSONNES
PRÉPARATION : 15 MIN
RÉFRIGÉRATION : 2 H

Ingrédients : 4 tranches de pain de mie, 2 gousses d'ail, 250 g d'amandes mondées, 6 c. à soupe d'huile d'olive, 1 c. à soupe de vinaigre de Xérès, sel
Topping : 2 c. à soupe d'amandes effilées grillées

> Mettez les tranches de pain dans un bol, recouvrez-les d'eau froide, laissez-les s'imbiber pendant 15 minutes. Pelez les gousses d'ail.
> Égouttez le pain, mixez-le avec les amandes et l'ail. Ajoutez l'huile, le vinaigre et du sel.
> Délayez avec de l'eau glacée jusqu'à la consistance désirée. Placez au réfrigérateur en attendant de servir. Répartissez la soupe dans des coupelles, parsemez-les d'amandes effilées grillées.

LE PAIN DE MIE

On l'adore, mais les diététiciens le boudent. Trop gras, trop sucré, il ne serait pas vraiment l'ami de notre forme, surtout si on le couvre de beurre et de confiture ! Mais on le tolère mixé dans ces délicieux gaspachos auxquels il apporte moelleux et douceur.

BOUILLON DE POULE À L'ÉCOSSAISE

POUR 4 PERSONNES
PRÉPARATION : 20 MIN
CUISSON : 3 H

MINCEUR, DIURÉTIQUE

Ingrédients : 1 poule, 1 bouquet garni, 8 poireaux, 12 pruneaux, sel, poivre

> Mettez la poule dans une grande marmite avec le bouquet garni, couvrez-la d'eau, portez à ébullition, salez, poivrez, couvrez, baissez le feu et faites cuire pendant 2 heures. Dégraissez le bouillon.
> Épluchez et nettoyez les poireaux. Faites tremper les pruneaux dans de l'eau très chaude.
> Mettez les poireaux dans le bouillon dégraissé, faites cuire 30 minutes, puis ajoutez les pruneaux et prolongez encore la cuisson pendant 30 minutes.
> Découpez la poule, retirez la peau, taillez de belles aiguillettes dans le blanc de la volaille. Réservez le reste pour un autre repas.
> Versez le bouillon avec les poireaux et les pruneaux dans quatre marmites individuelles, déposez dessus des aiguillettes de poule. Servez très chaud.

Mon conseil

Préparez ce bouillon en deux fois si vous manquez de temps : faites cuire la poule, laissez refroidir le bouillon, mettez-le au réfrigérateur, dégraissez-le en retirant avec une écumoire la pellicule de graisse en surface, puis réchauffez-le et ajoutez poireaux et pruneaux.

CHICKEN SOUP (ÉTATS-UNIS)

POUR 4 PERSONNES
PRÉPARATION : 20 MIN
CUISSON : 2 H

MINCEUR, DÉTOX, PROTÉINÉE, RECONSTITUANTE

Ingrédients : 3 gousses d'ail, 1 oignon, 1 citron vert, 2 carottes, 1 blanc de poireau, 1 petite branche de céleri, 4 découpes de poulet fermier, 1 feuille de laurier, quelques pincées de piment de Cayenne, sel, poivre

> Pelez et écrasez les gousses d'ail. Pelez et émincez l'oignon. Pressez le citron vert. Pelez les carottes, coupez-les en rondelles. Émincez le blanc de poireau et le céleri.
> Retirez la peau des découpes de poulet, mettez-les dans une grande cocotte, ajoutez l'ail, l'oignon, les feuilles de laurier, les légumes et le jus de citron. Recouvrez d'eau et portez à ébullition, salez, poivrez, puis baissez le feu et laissez cuire pendant 2 heures. Effilochez la chair du poulet.
> Répartissez le bouillon, les légumes et le poulet dans des grands bols, saupoudrez de piment.

CLAM CHOWDER À LA TOMATE (ÉTATS-UNIS)

POUR 4 PERSONNES
PRÉPARATION : 20 MIN
CUISSON : 25 MIN

Ingrédients : 1 kg de palourdes, 5 pommes de terre (400 g environ), 1 carotte, 1 oignon, 1 branche de céleri, 2 tomates, 1 c. à soupe d'huile, 1 bouquet garni, 1 dl de vin blanc sec, sel, poivre

> Rincez les palourdes dans plusieurs eaux.
> Pelez les pommes de terre, détaillez-les en dés. Pelez la carotte, l'oignon, hachez-les avec le céleri. Pelez et épépinez les tomates, découpez la pulpe en dés.
> Faites chauffer une grande cocotte, mettez les palourdes, laissez-les s'ouvrir à feu vif en secouant la cocotte pendant 5 minutes.
> Faites chauffer l'huile dans une autre cocotte, mettez le hachis d'oignon, de carotte et de céleri, salez, poivrez, faites rissoler pendant 5 minutes.
> Ajoutez les dés de pommes de terre et les tomates ainsi que le bouquet garni.
> Arrosez de vin et de jus de cuisson des palourdes, complétez avec un peu d'eau pour recouvrir les légumes. Couvrez et laissez cuire pendant 15 minutes.
> Ajoutez les palourdes, mélangez et répartissez dans quatre assiettes creuses. Servez très chaud.

Pour changer

Remplacez les dés de tomates par un peu de crème fraîche à 15 % de MG, comme dans la recette traditionnelle.

DAHL DE LENTILLES CORAIL À L'INDIENNE

POUR 4 PERSONNES
PRÉPARATION : 10 MIN
CUISSON : 25 MIN

Ingrédients : 1 gousse d'ail, 1 oignon, 3 cm de gingembre, 1 grosse tomate, 1 c. à soupe d'huile, 100 g de lentilles corail, 1 c. à café de curcuma, 1 tige de citronnelle, sel, poivre
Topping : 1 bouquet de coriandre

> Pelez l'ail, l'oignon et le gingembre, hachez-les. Pelez et épépinez la tomate, coupez la pulpe en dés.
> Faites chauffer l'huile dans une cocotte, faites revenir l'oignon, l'ail, le gingembre, les dés de tomates pendant 2 minutes.
> Ajoutez les lentilles, le curcuma, la citronnelle. Versez un litre d'eau, salez, poivrez, et mélangez bien. Portez à ébullition, baissez le feu et laissez mijoter pendant 20 minutes.
> Vérifiez l'assaisonnement. Versez les lentilles dans des assiettes creuses, parsemez de feuilles de coriandre ciselées.

MINESTRONE (ITALIE)

POUR 4 PERSONNES
PRÉPARATION : 15 MIN
CUISSON : 30 MIN

Ingrédients : 4 carottes, 1 branche de céleri, 2 blancs de poireaux, 200 g de haricots verts extra-fins, 200 g de pousses d'épinards, 2 courgettes, 2 c. à soupe d'huile d'olive, 1 litre de bouillon de légumes, 1 branche de romarin, sel, poivre
Topping : 4 branches de basilic, 2 gousses d'ail, un filet d'huile d'olive

> Épluchez les carottes, coupez-les en petits dés. Coupez le céleri en petits tronçons. Épluchez et lavez les poireaux, coupez-les en julienne. Effilez les haricots verts. Lavez, essuyez les courgettes et taillez-les en cubes.
> Faites chauffer deux cuillerées à soupe d'huile dans une cocotte, faites revenir les légumes, arrosez de bouillon. Ajoutez le romarin, portez à ébullition, baissez le feu, couvrez et laissez cuire pendant 30 minutes.
> Pelez les gousses d'ail, hachez-les. Retirez le romarin et vérifiez l'assaisonnement. Répartissez la soupe dans des grands bols, parsemez de basilic ciselé, d'ail haché et versez un filet d'huile d'olive.

Pour changer

Ajoutez des pâtes complètes 10 minutes avant la fin de la cuisson.

POTAGE PÉKINOIS

POUR 4 PERSONNES
PRÉPARATION : 20 MIN
CUISSON : 15 MIN

Ingrédients : 1 sachet de champignons noirs séchés, 2 carottes, 100 g de pousses de bambou en boîte, 200 g de blanc de poulet, 2 c. à soupe de Maïzena®, 1 œuf, 1 litre de bouillon de volaille dégraissé, 2 c. à soupe de sauce de soja, 2 c. à soupe de vinaigre blanc, 1 c. à café de poivre moulu
Topping : 1 bouquet de coriandre

> Mettez les champignons noirs dans un bol d'eau chaude pour les réhydrater pendant 10 minutes.
> Pelez les carottes, émincez-les en fins bâtonnets. Égouttez les pousses de bambou, émincez-les en bâtonnets de même taille. Émincez le blanc de poulet en fines lanières.
> Versez la Maïzena® dans un bol, ajoutez l'œuf battu et deux cuillerées à soupe d'eau froide, battez vigoureusement.
> Essorez les champignons noirs, coupez-les en lanières.
> Versez le bouillon dans une cocotte ou dans un wok, ajoutez les carottes, les pousses de bambou, les lanières de poulet et les champignons noirs. Portez à ébullition, puis baissez le feu et laissez mijoter pendant 10 minutes.
> Arrosez de sauce de soja et de vinaigre, puis incorporez l'œuf battu avec la Maïzena®. Vérifiez l'assaisonnement, mélangez et prolongez la cuisson pendant 3 minutes.
> Répartissez dans quatre bols et parsemez de coriandre ciselée. Servez très chaud.

SOUPE AU BŒUF ET AU VERMICELLE CHINOIS

POUR 4 PERSONNES
PRÉPARATION : 20 MIN
CUISSON : 15 MIN

Ingrédients : 2 oignons, 2 échalotes, 3 cm de gingembre, 3 carottes, 1 tête de brocoli, 150 g de pousses de bambou, 6 tiges de citronnelle, 200 g de filet de bœuf, 1 c. à soupe d'huile, 1 litre de bouillon de bœuf dégraissé, 150 g de vermicelle de riz
Topping : 1 bouquet de coriandre

> Pelez les oignons, les échalotes, le gingembre, les carottes, émincez-les très finement. Séparez la tête de brocoli en bouquets. Coupez les pousses de bambou en bâtonnets. Ciselez la citronnelle. Détaillez le filet de bœuf en fines lamelles.
> Faites chauffer l'huile dans une grande marmite ou un wok. Faites revenir les légumes et les aromates en mélangeant pendant 5 minutes.
> Arrosez de bouillon, portez à ébullition, baissez le feu et laissez cuire pendant 5 minutes. Ajoutez le vermicelle de riz, prolongez la cuisson pendant 5 minutes, et terminez en ajoutant les lamelles de viande.
> Répartissez les légumes, la viande et le bouillon dans quatre bols à potage, parsemez de feuilles de coriandre ciselées.

SOUPE AU CHOU CHINOIS ET AUX ÉPICES

POUR 4 PERSONNES
PRÉPARATION : 15 MIN
CUISSON : 30 MIN

Ingrédients : 2 gousses d'ail, 2 échalotes, ½ chou chinois, 1 litre de bouillon de légumes, ½ c. à café de piment, ½ c. à café de gingembre moulu, ½ c. à café de coriandre en poudre, ½ c. à café de curcuma, 3 c. à soupe de sauce de soja
Topping : 12 brins de ciboulette

> Pelez et hachez les gousses d'ail et les échalotes. Détaillez le chou chinois en lanières.
> Versez le bouillon de légumes dans une grande cocotte, ajoutez l'ail, les échalotes, les épices, le chou et la sauce de soja.
> Portez à ébullition, puis baissez le feu, couvrez et laissez cuire pendant 30 minutes. Répartissez dans quatre bols à potage et décorez de brins de ciboulette.

Pour changer

Ajoutez des lanières de poulet ou encore des crevettes roses dans le bouillon 15 minutes avant la fin de la cuisson.

SOUPE CANTONAISE AU POULET ET AUX NOUILLES

POUR 4 PERSONNES
PRÉPARATION : 15 MIN
CUISSON : 15 MIN

Ingrédients : 1 sachet de champignons noirs séchés, 200 g de blanc de poulet, 1 litre de bouillon de volaille dégraissé, 130 g de nouilles chinoises, 50 g de petits pois frais (ou surgelés), 2 c. à soupe de sauce de soja
Topping : 1 bouquet de coriandre, quelques noix de cajou concassées

> Faites tremper les champignons noirs dans un bol d'eau chaude pendant 10 minutes, puis essorez-les et découpez-les en lanières.
> Détaillez le poulet en lanières également.
> Portez le bouillon de volaille à ébullition dans une grande marmite ou un wok, ajoutez le poulet et les champignons. Couvrez et faites cuire pendant 10 minutes, puis ajoutez les nouilles et les petits pois.
> Prolongez la cuisson pendant 5 minutes. Répartissez dans quatre bols, arrosez d'un peu de sauce de soja. Décorez de feuilles de coriandre ciselées et de noix de cajou concassées.

SOUPE D'AUBERGINES À L'INDIENNE

POUR 4 PERSONNES
PRÉPARATION : 40 MIN
CUISSON : 50 MIN

Ingrédients : 2 aubergines, 1 oignon, 2 gousses d'ail, 6 tomates bien mûres, 2 c. à soupe d'huile d'olive, 1 c. à soupe de garam masala, 2 cm de gingembre, 75 cl de bouillon de légumes, 50 cl de lait de coco allégé, 2 pincées de piment de Cayenne
Topping : 4 branches de coriandre, 1 yaourt velouté nature

> Lavez et essuyez les aubergines, détaillez-les en cubes, saupoudrez-les de sel fin et faites-les dégorger pendant 30 minutes. Rincez-les, épongez-les.
> Pelez et hachez l'oignon et l'ail. Pelez et épépinez les tomates, coupez la pulpe en dés.
> Faites chauffer l'huile dans une cocotte, déposez l'ail et l'oignon. Mélangez, ajoutez les cubes d'aubergines, les dés de tomates, saupoudrez de garam masala et de gingembre râpé, puis versez le bouillon de légumes.
> Portez à ébullition, puis baissez le feu et laissez cuire pendant 45 minutes. Ajoutez le lait de coco, le piment, mélangez et prolongez la cuisson pendant 5 minutes.
> Vérifiez l'assaisonnement, répartissez dans quatre bols à potage. Décorez de feuilles de coriandre ciselées et nappez d'une cuillerée à soupe de yaourt. Servez aussitôt.

SOUPE DE PATATES DOUCES AU LAIT DE COCO (CARAÏBES)

POUR 4 PERSONNES
PRÉPARATION : 15 MIN
CUISSON : 25 MIN

Ingrédients : 2 grosses patates douces (500 g environ), 1 gousse d'ail, 1 oignon, 2 cm de gingembre, 2 dl de bouillon de légumes, 2 dl de lait de coco allégé
Topping : 1 bouquet de coriandre

> Pelez les patates douces, l'ail, l'oignon et le gingembre, coupez-les en dés. Mettez les légumes dans une marmite, arrosez de bouillon, de lait de coco, ajoutez le gingembre. Portez à ébullition, puis baissez le feu et laissez cuire pendant 25 minutes.
> Mixez les légumes avec le lait de coco et le bouillon jusqu'à la consistance désirée. Vérifiez l'assaisonnement.
> Versez dans quatre assiettes creuses et décorez de brins de coriandre ciselés.

Pour changer

Déposez sur les assiettes quelques crevettes roses cuites ou des lamelles de poulet dorées à la poêle.

SOUPE DE POULET COCO LÉGUMES VERTS

POUR 4 PERSONNES
PRÉPARATION : 15 MIN
CUISSON : 20 MIN

Ingrédients : 2 oignons nouveaux, 2 gousses d'ail, 1 tige de citronnelle, 2 courgettes, 100 g de haricots verts, 50 cl de lait de coco allégé, 50 cl de bouillon de volaille dégraissé, 400 g de blanc de poulet, 100 g de cocos plats, 2 c. à soupe de citron vert, 2 c. à soupe de sauce de soja
Topping : 4 branches de menthe

> Pelez et hachez les oignons et les gousses d'ail. Ciselez la citronnelle. Lavez et essuyez les courgettes, émincez-les. Effilez les haricots verts et les cocos plats, tronçonnez-les. Coupez les blancs de poulet en fines lanières.
> Versez le lait de coco dans une cocotte, ajoutez le bouillon, le hachis d'ail et d'oignon, la citronnelle, les lanières de poulet.
> Portez à ébullition, baissez le feu et laissez cuire pendant 10 minutes. Ajoutez les courgettes, les haricots verts et les cocos plats, poursuivez la cuisson pendant 10 minutes.
> Vérifiez l'assaisonnement, incorporez le jus de citron et la sauce de soja. Répartissez dans quatre assiettes creuses, parsemez de feuilles de menthe hachées.

Pour changer

Corsez cette soupe avec un petit piment oiseau.

SOUPE DE TOMATES À L'ITALIENNE

POUR 4 PERSONNES
PRÉPARATION : 10 MIN
CUISSON : 30 MIN

Ingrédients : 2 gousses d'ail, 1 oignon, 2 c. à soupe d'huile d'olive, 800 g de tomates pelées, 2 branches de romarin, 1 litre de bouillon de bœuf dégraissé

> Pelez l'ail et l'oignon, hachez-les. Faites-les revenir dans une cocotte avec deux cuillerées à soupe d'huile d'olive.
> Ajoutez les tomates pelées, le romarin, arrosez de bouillon.
> Portez à ébullition, baissez le feu et laissez cuire pendant 30 minutes.
> Retirez le romarin, mixez, vérifiez l'assaisonnement. Répartissez dans quatre tasses.

SOUPE EXPRESS DE LÉGUMES À LA CHINOISE

POUR 4 PERSONNES
PRÉPARATION : 5 MIN
CUISSON : 5 MIN

Ingrédients : 10 champignons blancs, 2 gousses d'ail, 2 cm de gingembre, 1 litre de bouillon de légumes, 1 paquet de vermicelle chinois, 100 g de carottes râpées nature en sachet
Topping : sauce de soja, piment de Cayenne, 1 bouquet de coriandre

> Coupez le pied des champignons, lavez-les rapidement sous l'eau froide sans les laisser tremper, épongez-les et émincez-les finement.
> Pelez l'ail et le gingembre, hachez-les.
> Portez le bouillon à ébullition avec l'ail et le gingembre. Plongez les carottes, les champignons, le vermicelle et laissez cuire pendant 2 minutes.
> Répartissez dans des bols à potage, ajoutez un peu de sauce de soja, une pincée de piment et parsemez de feuilles de coriandre.

SOUPE JAPONAISE AU SAUMON

POUR 4 PERSONNES
PRÉPARATION : 15 MIN
CUISSON : 20 MIN

Ingrédients : 1 sachet de champignons noirs déshydratés, 1 gousse d'ail, 1 oignon, 3 cm de gingembre, 1 carotte, 2 pavés de saumon de 120 g, 2 c. à soupe d'huile de colza, 2 c. à soupe de sauce de soja japonaise, 1 cube de miso
Topping : 2 c. à soupe d'huile de sésame, 12 brins de ciboulette

> Réhydratez les champignons noirs dans un bol d'eau chaude pendant 10 minutes. Pelez et hachez l'ail, l'oignon et le gingembre. Pelez la carotte, émincez-la en fines rondelles. Coupez les pavés de saumon en dés.
> Faites revenir ail, oignon, carotte et gingembre dans une cocotte antiadhésive avec deux cuillerées à soupe d'huile de colza en mélangeant pendant 5 minutes, puis arrosez d'un litre d'eau chaude.
> Ajoutez les champignons noirs égouttés, les dés de saumon, la sauce de soja et laissez mijoter pendant 15 minutes. Effritez la pâte miso dans la soupe, réchauffez sans laisser bouillir.
> Répartissez dans quatre bols à potage, arrosez d'un très mince filet d'huile de sésame et décorez de brins de ciboulette ciselés.

LA PÂTE MISO

Celle que vous trouverez dans les rayon exotiques des supermarchés et les magasins asiatiques est une pâte fermentée à base de soja et de céréales riche en protéines et en bonnes bactéries adorées par nos intestins. Un ennui : elle est très salée. Choisissez le miso blanc (*shiro miso*) qui est le plus neutre ou le miso brun (*aka miso*) au goût puissant. Et commencez par de très petites quantités, pour adapter ensuite à votre goût.

SOUPE MISO AUX NOUILLES SOBA (JAPON)

POUR 4 PERSONNES
PRÉPARATION : 20 MIN
CUISSON : 25 MIN

Ingrédients : 1 sachet de champignons noirs déshydratés, 2 carottes, 1 poireau, 2 gousses d'ail, 3 oignons nouveaux, 2 c. à soupe d'huile de sésame, 75 cl de bouillon de légumes, 200 g de nouilles soba, 1 c. à café de pâte miso

> Plongez les champignons noirs dans un bol d'eau chaude pour les réhydrater pendant 10 minutes. Pelez les carottes, émincez-les. Nettoyez le poireau, émincez-le également. Pelez et émincez les gousses d'ail et les oignons nouveaux. Essorez les champignons noirs, coupez-les en lanières.
> Faites chauffer l'huile dans une cocotte, mettez les légumes. Mélangez et laissez cuire pendant 3 minutes, puis mouillez avec le bouillon.
> Portez à ébullition, baissez le feu et poursuivez la cuisson pendant 15 minutes. Retirez les légumes, réservez-les.
> Portez le bouillon à ébullition, plongez les nouilles soba dans le bouillon, laissez chauffer pendant 4 minutes.
> Délayez la pâte miso dans une louche de bouillon, puis versez dans la cocotte, remettez les légumes dans le bouillon pour les réchauffer.
> Répartissez dans quatre bols à potage et dégustez bien chaud.

SOUPE ORIENTALE AU POULET ET AU SAFRAN

POUR 4 PERSONNES
PRÉPARATION : 20 MIN
CUISSON : 20 MIN

Ingrédients : 200 g de pois chiches, 250 g de blanc de poulet, 1 oignon, 1 botte de persil, 1 branche de céleri, ½ boîte de tomates pelées, 2 c. à soupe d'huile d'olive, 100 g de lentilles corail, 1 dose de safran, 1 c. à café de curcuma, 1 c. à café de gingembre moulu, ½ c. à café de cannelle moulue, 1 litre de bouillon de poule dégraissé, sel, poivre
Topping : 1 botte de coriandre

> Faites tremper les pois chiches la veille dans une grande quantité d'eau.
> Détaillez le blanc de poulet en bâtonnets.
> Épluchez l'oignon, hachez-le avec les feuilles de persil, ciselez finement les feuilles de la branche de céleri, écrasez les tomates pelées à la fourchette avec leur jus.
> Faites chauffer l'huile dans une grande cocotte, ajoutez les bâtonnets de poulet, les pois chiches, les lentilles, les tomates, l'oignon, les feuilles de céleri ciselées, le persil et les épices, mélangez, puis mouillez avec le bouillon. Couvrez et laissez mijoter doucement pendant 20 minutes.
> Répartissez la soupe dans quatre assiettes creuses, parsemez de feuilles de coriandre ciselées. Servez très chaud.

SOUPE ORIENTALE AUX ÉPICES

POUR 4 PERSONNES
PRÉPARATION : 15 MIN
CUISSON : 35 MIN

Ingrédients : 2 carottes, 2 navets, 2 oignons, 3 tomates, 2 branches de céleri, 2 courgettes, 1 c. à café de paprika, 1 c. à café de gingembre en poudre, 1 c. à café de curcuma, 1 c. à café de poivre moulu, 1 petite boîte de pois chiches, 1 bouquet de menthe poivrée, sel
Topping : 1 bouquet de coriandre

> Pelez les carottes, les navets, les oignons, émincez-les. Pelez les tomates, épépinez-les, coupez-les en dés. Tronçonnez les branches de céleri. Lavez et essuyez les courgettes, émincez-les.
> Mettez tous les légumes dans une grande cocotte, saupoudrez d'épices, et recouvrez avec un litre d'eau.
> Portez à ébullition, baissez le feu et laissez cuire pendant 30 minutes. Rincez les pois chiches, ajoutez-les ainsi que le bouquet de menthe poivrée. Laissez cuire 5 minutes.
> Retirez le bouquet de menthe, rectifiez l'assaisonnement si nécessaire. Répartissez dans quatre assiettes creuses. Parsemez de feuilles de coriandre ciselées.

SOUPE ORIENTALE AUX LÉGUMES

POUR 4 PERSONNES
PRÉPARATION : 20 MIN
CUISSON : 20 MIN

Ingrédients : 200 g pois chiches secs, 1 oignon, 1 botte de persil, 1 branche de céleri, ½ boîte de tomates pelées, 2 c. à soupe d'huile d'olive, 100 g de lentilles corail, 1 c. à café de curcuma, 1 c. à café de gingembre moulu, 1 litre de bouillon de poule dégraissé, sel, poivre
Topping : 1 botte de coriandre

> Faites tremper les pois chiches la veille dans une grande quantité d'eau.
> Épluchez l'oignon, hachez-le avec les feuilles de persil. Ciselez finement les feuilles de la branche de céleri, écrasez les tomates pelées à la fourchette avec leur jus.
> Faites chauffer l'huile dans une grande cocotte, ajoutez les pois chiches, les lentilles, les tomates, l'oignon, les feuilles de céleri ciselées, le persil et les épices. Mélangez, puis mouillez avec le bouillon.
> Couvrez et laissez mijoter doucement pendant 20 minutes. Répartissez la soupe dans quatre bols, parsemez de feuilles de coriandre ciselées. Servez très chaud.

SOUPE SLAVE AU CHOU ROUGE ET À LA BETTERAVE

POUR 4 PERSONNES
PRÉPARATION : 15 MIN
CUISSON : 30 MIN

Ingrédients : 1 oignon, 1 carotte, ½ chou rouge, 1 litre de bouillon de bœuf dégraissé, 1 c. à soupe de concentré de tomates, 1 c. à soupe de sucre, 1 c. à soupe de vinaigre, 2 betteraves rouges cuites

> Pelez l'oignon et la carotte, râpez-les. Râpez également le demi-chou rouge.
> Versez le bouillon dans une cocotte, ajoutez les légumes râpés.
> Portez à ébullition, puis ajoutez le concentré de tomates, le sucre et le vinaigre. Baissez le feu, couvrez et laissez cuire pendant 30 minutes.
> Répartissez dans quatre bols à potage. Parsemez de petits morceaux de betteraves.

SOUPE THAÏE AU POULET

POUR 4 PERSONNES
PRÉPARATION : 20 MIN
CUISSON : 20 MIN

Ingrédients : 2 carottes, 150 g de champignons blancs, 200 g de blanc de poulet, 2 gousses d'ail, 3 cm de gingembre, 3 citrons verts, 4 tiges de citronnelle, 1 litre de bouillon de volaille dégraissé, 4 feuilles de combava séchées, 60 cl d'eau de coco, 3 c. à soupe de sauce nuoc-mâm
Topping : 1 bouquet de coriandre

> Pelez et râpez grossièrement les carottes. Lavez les champignons, émincez-les finement. Détaillez le blanc de poulet en fines lanières. Pelez et émincez les gousses d'ail, le gingembre. Pressez les citrons verts. Ciselez la citronnelle.
> Versez le bouillon de volaille dans une grande marmite, ajoutez l'ail, le gingembre, la citronnelle, les lanières de poulet et les feuilles de combava. Portez à ébullition et laissez cuire pendant 15 minutes.
> Ajoutez les carottes râpées, les champignons émincés, l'eau de coco, le jus des citrons et la sauce nuoc-mâm. Prolongez la cuisson pendant 5 minutes.
> Répartissez dans des bols, parsemez de feuilles de coriandre ciselées.

Pour changer

Osez un petit piment rouge coupé en très petits dés, à disposer sur les bols au moment de servir.

SOUPE THAÏE PIMENTÉE AUX CREVETTES

POUR 4 PERSONNES
PRÉPARATION : 20 MIN
CUISSON : 20 MIN

Ingrédients : 1 sachet de champignons noirs, 3 cm de gingembre frais, 1 carotte, 1 brocoli, 3 tiges de citronnelle, 1 petit piment vert, 40 cl de bouillon de volaille, 20 cl d'eau de coco, 1 citron vert, 16 grosses crevettes roses crues, 4 c. à soupe de sauce nuoc-mâm

Topping : 1 bouquet de coriandre

> Réhydratez les champignons noirs dans un bol d'eau très chaude pendant 10 minutes.

> Pelez et hachez le gingembre. Pelez la carotte, râpez-la. Séparez le brocoli en petits bouquets. Coupez les tiges de citronnelle en tronçons. Émincez le piment vert après l'avoir épépiné.

> Versez le bouillon dans une marmite, ajoutez le piment, la citronnelle, le gingembre. Portez à ébullition, ajoutez le brocoli, la carotte, l'eau de coco, laissez frémir pendant 10 minutes. Égouttez les champignons noirs, ajoutez-les, prolongez la cuisson pendant 5 minutes.

> Pressez le citron vert. Ajoutez enfin les crevettes, le jus de citron, le nuoc-mâm. Prolongez la cuisson pendant 4 à 5 minutes.

> Répartissez dans des bols à potage. Parsemez de feuilles de coriandre ciselées.

VELOUTÉ DE COURGETTES À L'INDIENNE

POUR 4 PERSONNES
PRÉPARATION : 15 MIN
CUISSON : 25 MIN

Ingrédients : 800 g de courgettes, 2 gousses d'ail, 2 oignons nouveaux, 1 c. à soupe d'huile d'olive, 2 c. à café de curry, 50 cl de bouillon de volaille dégraissé, 20 cl de lait de coco allégé
Topping : quelques brins de ciboulette

> Lavez les courgettes, détaillez-les en rondelles. Pelez les gousses d'ail et les oignons, émincez-les.
> Faites chauffer l'huile dans une cocotte, mettez l'ail et l'oignon, laissez cuire en mélangeant pendant 3 minutes, saupoudrez de curry, ajoutez les courgettes, le bouillon et le lait de coco.
> Portez à ébullition puis baissez le feu. Couvrez et laissez cuire pendant 20 minutes.
> Mixez, vérifiez l'assaisonnement et versez dans des bols à potage. Décorez de brins de ciboulette ciselés.

VARIATIONS AUTOUR DES ARTICHAUTS

SOUPE D'ARTICHAUTS ET PETITS POIS

POUR 4 PERSONNES
PRÉPARATION : 5 MIN
CUISSON : 25 MIN

Ingrédients : 4 oignons nouveaux, 6 fonds d'artichauts surgelés, 75 cl de bouillon de légumes, 300 g de petits pois écossés
Topping : quelques feuilles de menthe

> Pelez les oignons en gardant un peu de leur tige verte.
> Déposez-les dans une cocotte avec les fonds d'artichauts, arrosez de bouillon de légumes.
> Portez à ébullition, baissez le feu et laissez cuire pendant 15 minutes. Ajoutez les petits pois, prolongez la cuisson de 10 minutes.
> Vérifiez l'assaisonnement, répartissez les légumes et le bouillon dans quatre assiettes creuses, parsemez de feuilles de menthe ciselées.

Pour changer

Mixez les légumes avec le bouillon et 10 cl de crème de soja, ou ajoutez des petites carottes nouvelles pour une touche de couleur.

VELOUTÉ D'ARTICHAUT

POUR 4 PERSONNES
PRÉPARATION : 10 MIN
CUISSON : 25 MIN

Ingrédients : 1 gousse d'ail, 2 échalotes, 2 c. à soupe d'huile d'olive, 8 fonds d'artichauts surgelés, 1 litre de bouillon de volaille dégraissé
Topping : 4 branches de persil

> Pelez l'ail et les échalotes, émincez-les.
> Faites chauffer l'huile dans une marmite, faites-y revenir l'ail et les échalotes pendant 3 minutes, ajoutez les fonds d'artichauts, le bouillon de volaille. Couvrez et laissez cuire pendant 20 minutes.
> Mixez les légumes avec du bouillon, vérifiez l'assaisonnement. Versez dans des tasses et parsemez de persil ciselé.

Pour changer

Parsemez le velouté de noisettes concassées, ou versez un filet d'huile de truffe au moment de servir.

VARIATIONS AUTOUR DES ASPERGES

VELOUTÉ D'ASPERGES ET DE POIREAU, MENTHE ET CITRON

POUR 4 PERSONNES
PRÉPARATION : 15 MIN
CUISSON : 20 MIN

Ingrédients : 600 g d'asperges blanches, 1 poireau, 1 c. à soupe d'huile d'olive, 75 cl de bouillon de volaille dégraissé
Topping : 1 citron bio, 2 branches de menthe

> Pelez les asperges, coupez le bout terreux, détaillez-les en tronçons. Nettoyez et émincez le poireau.
> Faites chauffer l'huile dans une cocotte, laissez fondre doucement le poireau pendant 3 minutes, puis ajoutez les tronçons d'asperges, arrosez de bouillon.
> Portez à ébullition, baissez le feu, couvrez, laissez cuire pendant 15 minutes.
> Mixez les légumes avec le bouillon jusqu'à la consistance désirée, vérifiez l'assaisonnement. Versez dans des bols à potage.
> Prélevez le zeste du citron. Effeuillez la menthe, hachez ensemble le zeste de citron et les feuilles de menthe, déposez-les en buisson sur les bols. Servez chaud ou froid.

VELOUTÉ D'ASPERGES ET ÉPINARDS

POUR 4 PERSONNES
PRÉPARATION : 10 MIN
CUISSON : 10 MIN

Ingrédients : 1 concombre, 200 g de pousses d'épinards, 1 botte d'asperges vertes, 2 oignons, 1 litre de bouillon de légumes, poivre du moulin
Topping : 4 branches de menthe

> Lavez et essuyez le concombre, émincez-le. Lavez et épongez les pousses d'épinards, équeutez-les. Pelez les asperges, coupez-les en petits tronçons. Pelez et émincez les oignons.
> Mettez les légumes dans une grande casserole, couvrez de bouillon, portez à ébullition et laissez cuire pendant 10 minutes.
> Retirez les pointes d'asperges de la casserole, réservez-les et mixez la soupe. Versez dans quatre bols, décorez de pointes d'asperges et de feuilles de menthe ciselées.

Mon conseil

En été, servez cette soupe bien fraîche.

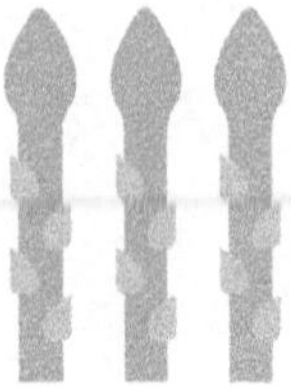

VELOUTÉ D'ASPERGES MINUTE

POUR 4 PERSONNES
PRÉPARATION : 10 MIN
CUISSON : 10 MIN

Ingrédients : 2 pots d'asperges vertes (700 g égouttées), 1 litre de bouillon de légumes, sel, poivre
Topping : 3 c. à soupe d'huile d'olive

> Égouttez les asperges, mixez-les avec le bouillon de légumes, versez dans une casserole et faites chauffer à feu doux pendant 10 minutes.
> Vérifiez l'assaisonnement. Versez le velouté dans quatre bols à potage et arrosez d'un filet d'huile d'olive.

Pour changer
Ajoutez au moment de servir des miettes de crabe et de la ciboulette ciselée au centre des bols à potage.

VARIATIONS AUTOUR DE LA CAROTTE

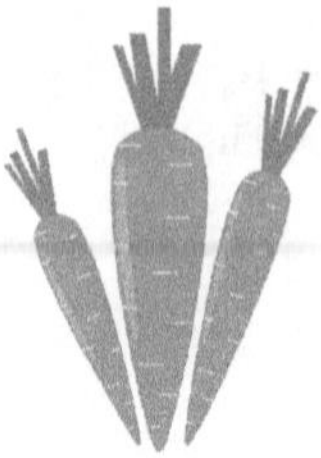

VELOUTÉ DE CAROTTES À LA BETTERAVE

POUR 4 PERSONNES
PRÉPARATION : 15 MIN
CUISSON : 20 MIN

Ingrédients : 1 oignon, 600 g de carottes, 2 betteraves cuites, 1 orange bio, 2 c. à soupe d'huile d'olive, sel, poivre
Topping : zeste d'orange, 2 branches de persil plat

> Pelez l'oignon, hachez-le. Pelez les carottes, émincez-les. Pelez les betteraves, coupez-les en morceaux. Prélevez le zeste de l'orange, pressez le fruit.
> Faites chauffer l'huile dans une grande cocotte, faites fondre l'oignon en mélangeant pendant 3 minutes, ajoutez les carottes, arrosez de 50 cl d'eau.
> Salez, poivrez, portez à ébullition, puis baissez le feu et laissez cuire pendant 15 minutes. Mixez les carottes avec le jus de cuisson, les betteraves et le jus d'orange.
> Vérifiez l'assaisonnement, versez dans quatre bols à potage. Hachez le zeste d'orange avec les feuilles de persil, décorez-en les bols.

VELOUTÉ DE CAROTTES À L'ORANGE

POUR 4 PERSONNES
PRÉPARATION : 15 MIN
CUISSON : 45 MIN

Ingrédients : 800 g de carottes, 2 oignons, 2 oranges bio, 1 c. à soupe d'huile d'olive, 1 litre de bouillon de légumes
Topping : 1 bouquet de coriandre

> Pelez les carottes et les oignons, émincez-les. Râpez le zeste des oranges, pressez les fruits.
> Faites chauffer l'huile dans une grande cocotte, mettez les légumes, laissez-les revenir en mélangeant pendant 5 minutes.
> Ajoutez le zeste râpé, le jus d'orange et le bouillon. Portez à ébullition, couvrez, baissez le feu et laissez cuire pendant 40 minutes.
> Mixez l'ensemble, versez dans quatre bols à potage et parsemez de feuilles de coriandre ciselées.

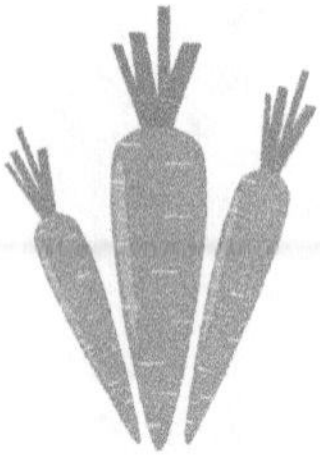

VELOUTÉ DE CAROTTES AU CUMIN

POUR 4 PERSONNES
PRÉPARATION : 15 MIN
CUISSON : 35 MIN

Ingrédients : 800 g de carottes, 1 pomme de terre (100 g), 1 oignon, 1 c. à soupe d'huile d'olive, ½ c. à café de cumin moulu, 1 yaourt velouté nature, sel, poivre
Topping : quelques graines de cumin

> Pelez les carottes, la pomme de terre et l'oignon, puis émincez-les.
> Faites chauffer l'huile dans une cocotte, mettez les légumes, laissez-les revenir pendant 3 minutes.
> Arrosez avec 75 cl d'eau, salez, poivrez et portez à ébullition, baissez le feu, couvrez, puis laissez chauffer pendant 30 minutes.
> Mixez les légumes avec le bouillon et le cumin jusqu'à la consistance désirée.
> Vérifiez l'assaisonnement, ajoutez le yaourt, mélangez bien.
> Versez le velouté dans quatre bols à potage, décorez avec quelques graines de cumin.

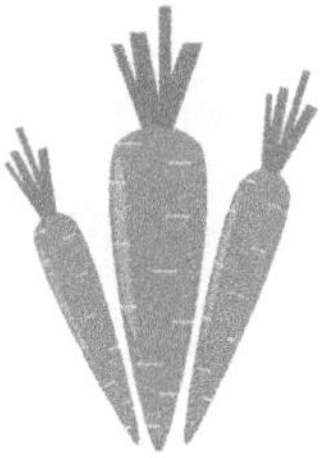

VELOUTÉ DE CAROTTES AU CURRY

POUR 4 PERSONNES
PRÉPARATION : 5 MIN
CUISSON : 30 MIN

Ingrédients : 800 g de carottes, 2 oignons, 1 litre de bouillon de légumes, 1 c. à café de curry en poudre

> Pelez les carottes et les oignons, coupez-les en morceaux.
> Mettez-les dans une cocotte avec le bouillon de légumes et portez à ébullition. Baissez le feu, laissez cuire pendant 30 minutes.
> Mixez les légumes avec le bouillon jusqu'à la consistance désirée, ajoutez le curry et versez dans quatre bols à potage.

VELOUTÉ DE CAROTTES AU PAMPLEMOUSSE ET AU CURCUMA

POUR 4 PERSONNES
PRÉPARATION : 20 MIN
CUISSON : 45 MIN

Ingrédients : 800 g de carottes, 2 gousses d'ail, 1 oignon, 1 branche de céleri, 2 courgettes, 1 bouquet de persil plat, 1 c. à soupe d'huile d'olive, 1 c. à soupe de curcuma, 75 cl de bouillon de légumes, 1 pamplemousse
Topping : graines de sésame torréfiées, quelques feuilles de persil

> Pelez les carottes, émincez-les. Épluchez et hachez l'ail et l'oignon. Tronçonnez le céleri. Lavez et essuyez les courgettes, coupez-les en dés. Effeuillez le persil.
> Faites chauffer l'huile dans une cocotte, faites-y revenir l'ail et l'oignon pendant 3 minutes. Ajoutez les carottes, le céleri, les courgettes et le curcuma puis arrosez de bouillon.
> Portez à ébullition, baissez le feu et laissez cuire pendant 40 minutes.
> Mixez l'ensemble avec la moitié du persil. Pressez le pamplemousse, ajoutez le jus obtenu au velouté, mélangez bien et vérifiez l'assaisonnement.
> Versez dans quatre bols à potage. Décorez de graines de sésame torréfiées et de quelques feuilles de persil.

VELOUTÉ DE CAROTTES AUX LENTILLES ET AUX ÉPICES

POUR 4 PERSONNES
PRÉPARATION : 10 MIN
CUISSON : 20 MIN

Ingrédients : 4 carottes, 1 échalote, 200 g de lentilles corail, ½ c. à café de quatre-épices, 75 cl de bouillon de légumes, 1 yaourt velouté nature

> Pelez et émincez les carottes et l'échalote.
> Mettez-les dans une cocotte, ajoutez les lentilles, le quatre-épices, arrosez de bouillon et portez à ébullition. Laissez cuire à feu doux pendant 20 minutes.
> Mixez, vérifiez l'assaisonnement, ajoutez le yaourt et versez dans quatre bols à potage.

VELOUTÉ DE CAROTTES AUX POMMES ET AU GINGEMBRE

POUR 4 PERSONNES
PRÉPARATION : 10 MIN
CUISSON : 45 MIN

Ingrédients : 1 oignon, 2 cm de gingembre, 1 kg de carottes, 2 pommes, 1 litre de bouillon de légumes
Topping : quelques feuilles de cerfeuil

> Pelez l'oignon, le gingembre et les carottes, puis émincez-les. Épluchez les pommes, coupez-les en dés.
> Réunissez-les dans une cocotte, arrosez de bouillon, portez à ébullition, puis laissez mijoter pendant 45 minutes.
> Mixez, vérifiez l'assaisonnement et versez dans des bols à potage. Parsemez de feuilles de cerfeuil ciselées. Servez chaud ou froid.

VELOUTÉ DE CAROTTES COCO CORIANDRE

POUR 4 PERSONNES
PRÉPARATION : 10 MIN
CUISSON : 20 MIN

Ingrédients : 800 g de carottes, 2 cm de gingembre, 1 gousse d'ail, 50 cl de bouillon de légumes, 20 cl de lait de coco allégé
Topping : 4 branches de coriandre

> Épluchez les carottes, coupez-les en rondelles. Mettez-les dans une grande cocotte.
> Pelez et émincez le gingembre et la gousse d'ail, ajoutez-les, arrosez de bouillon et de lait de coco.
> Portez à ébullition, faites cuire pendant 20 minutes.
> Mixez les carottes avec le bouillon jusqu'à la consistance désirée, vérifiez l'assaisonnement. Versez dans des bols à potage, décorez de feuilles de coriandre ciselées.

VELOUTÉ DE CAROTTES ET COURGE BUTTERNUT

POUR 4 PERSONNES
PRÉPARATION : 15 MIN
CUISSON : 25 MIN

Ingrédients : 2 gousses d'ail, 2 oignons, 4 carottes, ½ courge butternut (500 g environ), 1 c. à soupe d'huile d'olive, 1 bouquet garni, 75 cl de bouillon de volaille dégraissé
Topping : graines de courge grillées

> Pelez et hachez l'ail et les oignons. Pelez et émincez les carottes. Épluchez la courge, retirez les graines, coupez la chair en dés.
> Faites chauffer l'huile dans une cocotte, faites fondre l'ail et les oignons pendant 3 minutes.
> Ajoutez les carottes, la courge, le bouquet garni et mouillez avec le bouillon.
> Portez à ébullition, baissez le feu, couvrez et laissez cuire pendant 20 minutes.
> Retirez le bouquet garni, mixez les légumes avec le bouillon jusqu'à la consistance désirée. Vérifiez l'assaisonnement. Versez dans quatre bols à potage, parsemez de graines de courge grillées.

VELOUTÉ DE CAROTTES ET ÉPINARDS AUX NOISETTES

POUR 4 PERSONNES
PRÉPARATION : 15 MIN
CUISSON : 30 MIN

Ingrédients : 3 gousses d'ail, 600 g de carottes, 600 g d'épinards en branches surgelés, 1 litre de bouillon de volaille dégraissé
Topping : quelques noisettes concassées

> Pelez les gousses d'ail et les carottes, émincez-les.
> Mettez dans une marmite les carottes, l'ail, les épinards et arrosez de bouillon. Portez à ébullition, puis baissez le feu et couvrez. Laissez cuire pendant 30 minutes.
> Mixez les légumes avec un peu de bouillon pour obtenir la consistance désirée, vérifiez l'assaisonnement.
> Versez dans quatre bols à potage, parsemez de noisettes concassées.

Pour changer

Remplacez les noisettes par des amandes effilées grillées.

VELOUTÉ DE CAROTTES POIVRONS JAUNES À LA CORIANDRE

POUR 4 PERSONNES

PRÉPARATION : 15 MIN

CUISSON : 35 MIN

Ingrédients : 2 oignons, 600 g de carottes, 2 poivrons jaunes, 2 courgettes, 2 c. à soupe d'huile d'olive, 1 litre de bouillon de légumes

Topping : 1 bouquet de coriandre

> Pelez les oignons, les carottes, les poivrons, et coupez-les en dés. Lavez et essuyez les courgettes, coupez-les en dés également.

> Faites chauffer l'huile dans une grande cocotte, mettez les légumes, mélangez bien et laissez revenir pendant 3 minutes. Arrosez de bouillon de légumes.

> Portez à ébullition, couvrez, baissez le feu, laissez cuire pendant 30 minutes.

> Mixez les légumes avec le bouillon et vérifiez l'assaisonnement. Répartissez dans quatre bols à potage, parsemez de feuilles de coriandre ciselées.

Pour changer

Ajoutez 200 g de potiron coupé en dés.

VARIATIONS AUTOUR DU CÉLERI

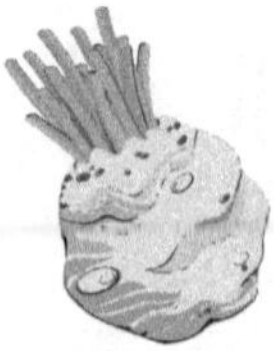

CRÈME DE CÉLERI COCO

POUR 4 PERSONNES
PRÉPARATION : 15 MIN
CUISSON : 20 MIN

Ingrédients : 1 boule de céleri-rave (environ 1 kg), 1 pomme de terre (100 g environ), 1 oignon, 2 pommes, 2 c. à soupe d'huile d'olive, 50 cl de bouillon de légumes, 50 cl de lait de coco allégé
Topping : ½ poivron rouge, 12 brins de ciboulette

> Épluchez le céleri et la pomme de terre, coupez-les en cubes. Pelez et émincez l'oignon. Épluchez les pommes, coupez-les en dés.
> Faites chauffer l'huile dans une grande cocotte, faites fondre les oignons en mélangeant pendant 3 minutes.
> Ajoutez le céleri, la pomme de terre, les dés de pomme, mélangez bien, et arrosez de bouillon et de lait de coco.
> Portez à ébullition, baissez le feu, couvrez et laissez cuire pendant 15 minutes. Mixez l'ensemble avec le bouillon de cuisson jusqu'à la consistance désirée, vérifiez l'assaisonnement. Versez la crème de céleri dans quatre bols à potage.
> Retirez les graines et les parties blanches du demi-poivron rouge, coupez la chair en petits dés. Disposez-les sur les bols, ajoutez les brins de ciboulette. Servez aussitôt.

Pour changer

Ajoutez une demi-cuillerée à café de curry, ou encore du piment de Cayenne ; enrichissez cette crème de crevettes roses grillées.

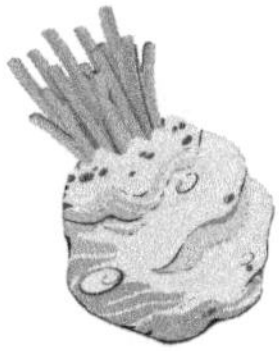

SOUPE DE CÉLERI AUX PALOURDES

POUR 4 PERSONNES
PRÉPARATION : 15 MIN
CUISSON : 40 MIN

Ingrédients : 1 kg de palourdes, 200 g de céleri-rave, 2 gousses d'ail, 75 cl de bouillon de légumes, 1 citron, 20 g de beurre, sel, poivre
Topping : 1 botte de persil

> Rincez les palourdes plusieurs fois.
> Pelez le céleri, coupez-le en dés. Pelez les gousses d'ail, pressez-les.
> Faites revenir ail et céleri avec la noisette de beurre dans une cocotte, mouillez avec 75 cl de bouillon de légumes. Portez à ébullition, baissez le feu et laissez cuire pendant 30 minutes. Mixez et réservez au chaud.
> Faites ouvrir les palourdes dans une sauteuse à feu vif. Lorsqu'elles sont ouvertes, répartissez-les dans quatre assiettes creuses.
> Filtrez le jus de cuisson, ajoutez-le à la soupe de céleri. Vérifiez l'assaisonnement et versez la soupe sur les palourdes.
> Ajoutez quelques gouttes de jus de citron et parsemez de feuilles de persil ciselées. Servez bien chaud.

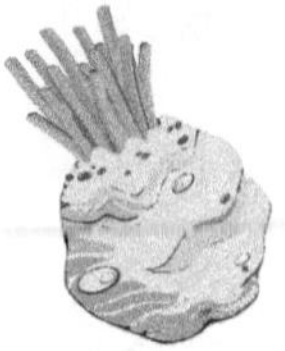

SOUPE DE CÉLERI, CAROTTE ET POMME AU GINGEMBRE

POUR 4 PERSONNES
PRÉPARATION : 15 MIN
CUISSON : 35 MIN

Ingrédients : 2 carottes, 2 branches de céleri, 1 pomme granny-smith, 3 cm de gingembre frais, 2 gousses d'ail, 1 oignon, 1 c. à soupe d'huile d'olive, sel, poivre

> Épluchez les carottes, coupez-les en fines rondelles. Nettoyez les branches de céleri, émincez-les en tronçons. Pelez la pomme et le gingembre, détaillez-les en dés. Pelez et hachez l'ail et l'oignon.
> Faites chauffer l'huile dans une cocotte, faites revenir l'ail et l'oignon pendant 2 minutes. Ajoutez les carottes, le céleri, la pomme et le gingembre, mélangez, arrosez avec 70 cl d'eau, salez, poivrez.
> Portez à ébullition, couvrez, puis baissez le feu et laissez cuire pendant 30 minutes.
> Mixez, vérifiez l'assaisonnement et servez bien chaud.

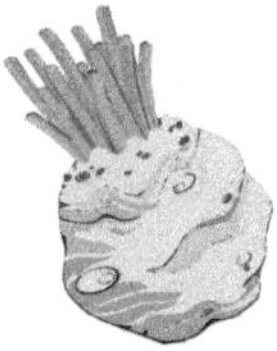

VELOUTÉ AU CÉLERI ET AUX OIGNONS

POUR 4 PERSONNES
PRÉPARATION : 15 MIN
CUISSON : 45 MIN

Ingrédients : 800 g d'oignons (frais ou surgelés), 2 branches de céleri, 75 cl de bouillon de volaille dégraissé
Topping : croûtons de pain complet grillé, frottés à l'ail et à la tomate

> Pelez les oignons, émincez-les. Tronçonnez les branches de céleri.
> Mettez les légumes dans une cocotte avec le bouillon. Portez à ébullition, couvrez, baissez le feu et laissez cuire pendant 45 minutes.
> Mixez les légumes avec du bouillon jusqu'à la consistance désirée. Vérifiez l'assaisonnement, versez dans des bols à potage, garnissez de croûtons.

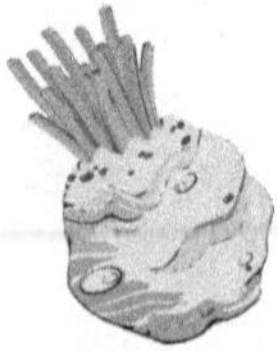

VELOUTÉ DE CÉLERI AU SAFRAN

POUR 4 PERSONNES
PRÉPARATION : 15 MIN
CUISSON : 35 MIN

Ingrédients : 1 boule de céleri-rave, 1 gousse d'ail, 1 c. à soupe d'huile d'olive, 75 cl de bouillon de légumes, 1 dose de safran
Topping : 4 branches de persil

> Épluchez le céleri, coupez-le en cubes. Pelez et émincez la gousse d'ail.
> Faites chauffer l'huile dans une cocotte, faites revenir ail et céleri pendant 3 minutes.
> Arrosez de bouillon de légumes, ajoutez le safran. Portez à ébullition, puis laissez frémir pendant 30 minutes.
> Mixez le céleri avec le bouillon, vérifiez l'assaisonnement. Versez dans des tasses, décorez de quelques feuilles de persil ciselées.

Pour changer

Ajoutez au gré de vos envies des dés de poire, des moules ou des crevettes cuites.

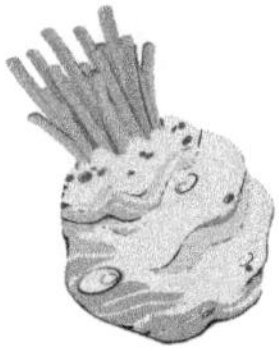

VELOUTÉ DE CÉLERI AUX AMANDES

POUR 4 PERSONNES
PRÉPARATION : 15 MIN
CUISSON : 35 MIN

Ingrédients : ½ céleri-rave (environ 500 g), 2 pommes de terre (environ 300 g), 1 oignon, 1 gousse d'ail, 2 c. à soupe d'huile d'olive, 1 litre de bouillon de volaille dégraissé, 2 yaourts veloutés nature
Topping : 1 citron bio, 4 branches de persil, 3 c. à soupe d'amandes effilées

> Épluchez le céleri et les pommes de terre, détaillez-les en cubes. Pelez et émincez l'oignon et la gousse d'ail.
> Faites chauffer l'huile dans une cocotte, mettez l'ail et l'oignon, laissez fondre en mélangeant pendant 3 minutes.
> Ajoutez les pommes de terre et le céleri, mouillez avec le bouillon. Portez à ébullition, baissez le feu, couvrez et laissez cuire pendant 30 minutes. Mixez l'ensemble, vérifiez l'assaisonnement. Incorporez les deux yaourts et mélangez bien.
> Râpez le zeste du citron. Hachez les feuilles de persil. Torréfiez les amandes effilées et mélangez les trois éléments.
> Répartissez le velouté dans quatre bols à potage, décorez avec le mélange citron, persil, amandes. Servez bien chaud.

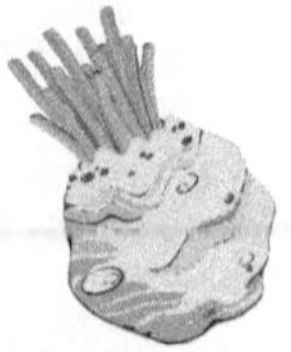

VELOUTÉ DE CÉLERI AUX CHÂTAIGNES

POUR 4 PERSONNES
PRÉPARATION : 10 MIN
CUISSON : 25 MIN

Ingrédients : ½ boule de céleri-rave (500 g environ), 1 oignon, 4 gousses d'ail, 300 g de châtaignes pelées et cuites au naturel (en bocal), 1 yaourt velouté nature, sel, poivre
Topping : quelques châtaignes

> Pelez le céleri, coupez-le en morceaux. Épluchez et émincez l'oignon et l'ail.
> Mettez les légumes dans une cocotte, couvrez d'eau, salez, poivrez et portez à ébullition. Laissez cuire pendant 15 minutes.
> Égouttez les châtaignes, versez-les dans la cocotte, à l'exception de deux ou trois châtaignes à réserver pour le décor. Prolongez la cuisson pendant 10 minutes.
> Mixez l'ensemble avec le jus de cuisson, vérifiez l'assaisonnement. Incorporez le yaourt et mélangez. Versez dans quatre bols à potage, parsemez de brisures de châtaignes.

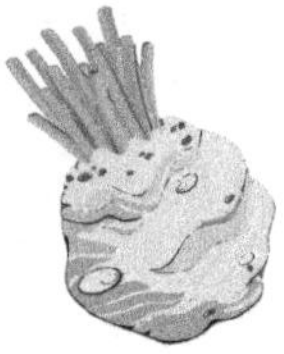

VELOUTÉ DE CÉLERI ET DE POMMES AU CURRY

POUR 4 PERSONNES
PRÉPARATION : 20 MIN
CUISSON : 30 MIN

Ingrédients : ½ boule de céleri-rave (500 g environ), 2 pommes, 1 litre de bouillon de volaille dégraissé, ½ c. à café de curry en poudre

> Pelez le céleri, coupez-le en morceaux. Épluchez les pommes, détaillez-les en morceaux également.
> Réunissez-les dans une grande casserole, couvrez de bouillon et portez à ébullition. Baissez le feu, et laissez chauffer pendant 30 minutes.
> Mixez, ajoutez le curry. Goûtez pour vérifier l'assaisonnement, rectifiez si nécessaire et versez dans quatre mugs. Servez bien chaud.

Pour changer

Si vous n'aimez pas le curry, remplacez-le par quelques pincées de piment d'Espelette.

VARIATIONS AUTOUR DE LA COURGE ET LA COURGETTE

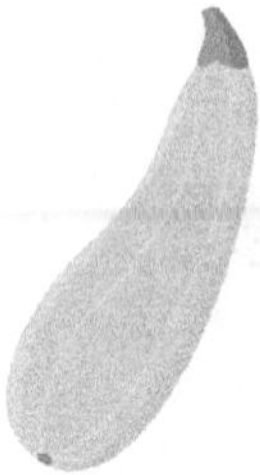

CRÈME DE COURGETTES À L'AIL ET À L'OIGNON

POUR 4 PERSONNES

PRÉPARATION : 15 MIN

CUISSON : 15 MIN

Ingrédients : 4 gousses d'ail, 4 oignons, 4 courgettes, 2 cm de gingembre, 4 feuilles de laurier, 75 cl de bouillon de légumes

Topping : 2 c. à soupe d'huile d'olive, 4 branches de persil plat

> Pelez l'ail et les oignons, émincez-les. Lavez et essuyez les courgettes, coupez-les en dés.

> Pelez et râpez le gingembre. Réunissez l'ensemble dans une cocotte avec les feuilles de laurier, arrosez de bouillon de légumes.

> Portez à ébullition, couvrez, baissez le feu et laissez cuire pendant 15 minutes. Mixez les légumes avec le bouillon, vérifiez l'assaisonnement.

> Versez dans quatre bols, arrosez d'un filet d'huile d'olive, et parsemez de feuilles de persil ciselées.

SOUPE DE COURGE BUTTERNUT, POMME, CITRON ET PIMENT

POUR 4 PERSONNES
PRÉPARATION : 15 MIN
CUISSON : 30 MIN

Ingrédients : 1 courge butternut (environ 1,5 kg), 1 pomme, 1 gousse d'ail, 1 oignon, 75 cl de bouillon de légumes, 1 citron, 1 grosse pincée de cannelle, 1 grosse pincée de piment en poudre

> Pelez la courge butternut, retirez les graines, coupez-la en cubes. Épluchez la pomme, détaillez-la également en cubes. Pelez l'ail et l'oignon.
> Faites cuire les légumes et la pomme dans le bouillon de légumes pendant 30 minutes.
> Pressez le citron. Mixez les légumes et la pomme avec le jus de citron, la cannelle, le piment. Servez bien chaud dans des bols.

SOUPE DE COURGE BUTTERNUT, QUINOA AU CUMIN

POUR 4 PERSONNES
PRÉPARATION : 15 MIN
CUISSON : 20 MIN

Ingrédients : 1 courge butternut, 1 oignon, 1 courgette, 200 g de quinoa, 2 c. à soupe d'huile d'olive, 1 c. à café de cumin, sel, poivre

> Pelez la courge, retirez les graines, coupez la chair en dés. Pelez et émincez l'oignon. Lavez la courgette, détaillez-la en dés également.
> Rincez et égouttez le quinoa. Faites chauffer l'huile dans une cocotte, laissez revenir l'oignon émincé pendant 3 minutes.
> Ajoutez la courgette, la courge, le quinoa, le cumin et mouillez avec 70 cl d'eau, salez, poivrez. Portez à ébullition, baissez le feu, couvrez et laissez cuire pendant 15 minutes.
> Servez bien chaud dans des assiettes creuses.

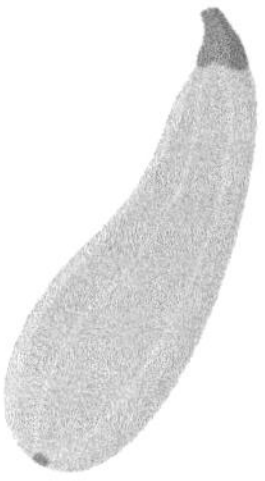

SOUPE DE COURGETTES ET D'ÉPINARDS AU GINGEMBRE

POUR 4 PERSONNES
PRÉPARATION : 20 MIN
CUISSON : 30 MIN

Ingrédients : 300 g de courgettes, 300 g de feuilles d'épinards, 2 petits oignons, 2 cm de gingembre frais, 1 c. à soupe d'huile d'olive, sel, poivre

> Lavez et essuyez les courgettes, détaillez-les en rondelles. Lavez rapidement les feuilles d'épinards, épongez-les, équeutez-les, ciselez-les. Épluchez les petits oignons, émincez-les. Pelez le gingembre, émincez-le également.

> Faites chauffer l'huile dans une grande casserole, mettez l'oignon et le gingembre, les courgettes et les épinards, salez, poivrez et arrosez d'un litre d'eau.

> Portez à ébullition. Baissez ensuite le feu couvrez et laissez cuire pendant 30 minutes. Mixez, répartissez dans quatre tasses à potage et servez bien chaud.

VELOUTÉ DE COURGE BUTTERNUT À LA POMME ET AU PIMENT

POUR 4 PERSONNES
PRÉPARATION : 15 MIN
CUISSON : 50 MIN

Ingrédients : 3 gousses d'ail, 400 g de courge butternut, 2 c. à soupe d'huile neutre, 1 oignon, 1 pomme, ½ c. à café de cannelle en poudre, ½ c. à café de gingembre moulu, 1 piment oiseau, 75 cl de bouillon de volaille dégraissé
Topping : graines de courge grillées

> Pelez et émincez les gousses d'ail. Épluchez la courge, retirez les graines, coupez-la en deux et déposez-la dans un plat à four. Arrosez d'une cuillerée à soupe d'huile et parsemez d'ail émincé. Faites cuire au four thermostat 6 (180 °C) pendant 30 minutes.
> Pelez l'oignon, émincez-le. Épluchez la pomme, coupez-la en dés.
> Faites chauffer une cuillerée à soupe d'huile dans une cocotte et faites fondre l'oignon en mélangeant pendant 3 minutes, saupoudrez de cannelle et de gingembre.
> Ajoutez le piment émietté, la courge rôtie avec l'ail, la pomme, puis arrosez de bouillon. Portez à ébullition, baissez le feu, couvrez et laissez cuire pendant 10 minutes.
> Mixez l'ensemble, vérifiez l'assaisonnement. Répartissez dans des bols à potage, décorez de graines de courge.

Pour changer

Ôtez la cannelle, et remplacez le piment par du curry et les graines de courge par des amandes effilées.

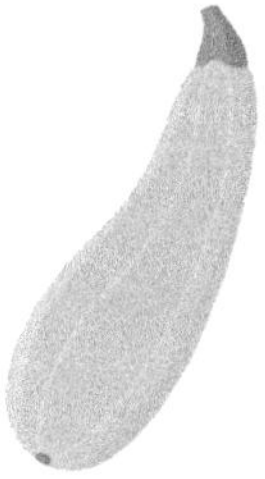

VELOUTÉ DE COURGE BUTTERNUT AUX CAROTTES

POUR 4 PERSONNES
PRÉPARATION : 15 MIN
CUISSON : 25 MIN

Ingrédients : 1 courge butternut, 4 carottes, 1 oignon, 1 gousse d'ail, 1 c. à soupe d'huile d'olive, 75 cl de bouillon de légumes
Topping : 3 branches de persil plat

> Épluchez et égrainez la courge, coupez la pulpe en morceaux. Pelez et émincez les carottes. Épluchez l'oignon et l'ail, émincez-les.
> Faites chauffer l'huile dans une cocotte, faites fondre l'oignon pendant 3 minutes, ajoutez l'ail, les carottes et la courge, arrosez de bouillon de légumes. Portez à ébullition, baissez le feu, couvrez et laissez cuire pendant 20 minutes.
> Mixez les légumes avec le bouillon jusqu'à la consistance désirée, vérifiez l'assaisonnement. Versez dans quatre bols à potage et décorez de quelques feuilles de persil ciselées.

Pour changer

Boostez ce velouté en ajoutant du curcuma et du gingembre, ou encore du curry.

PRENEZ-EN DE LA GRAINE !

En épluchant la courge butternut, prélevez les graines avec une cuillère, laissez-les sécher pendant 12 heures avant de les faire griller à sec dans une poêle à revêtement antiadhésif. Décoratives, elles sont aussi précieuses pour la santé : vitamine A, magnésium, zinc, fibres, acides gras insaturés. Une mine de bienfaits !

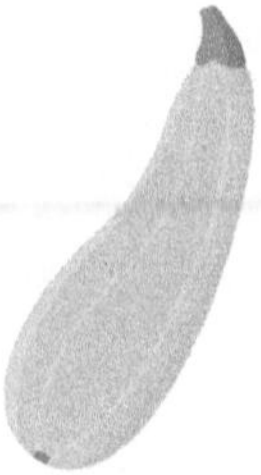

VELOUTÉ DE COURGE BUTTERNUT AUX SAINT-JACQUES

POUR 4 PERSONNES

PRÉPARATION : 15 MIN

CUISSON : 30 MIN

Ingrédients : 1 oignon, 1 courge butternut, 1 c. à soupe d'huile d'olive, 2 pincées de piment, 75 cl de bouillon de légumes, 16 noix de saint-jacques

Topping : graines de courge séchées, persil plat

> Pelez l'oignon, hachez-le. Épluchez la courge, retirez les graines, coupez la chair en dés.

> Faites chauffer l'huile dans une cocotte, faires fondre l'oignon pendant 3 minutes, puis ajoutez les morceaux de courge, le piment et arrosez de bouillon.

> Portez à ébullition, baissez le feu, couvrez, laissez cuire pendant 20 minutes. Mixez, vérifiez l'assaisonnement.

> Faites rôtir quelques minutes les noix de saint-jacques à la plancha.

> Ciselez les feuilles de persil.

> Versez le velouté dans quatre assiettes creuses, répartissez les noix de saint-jacques, décorez de graines de courge et de feuilles de persil ciselées.

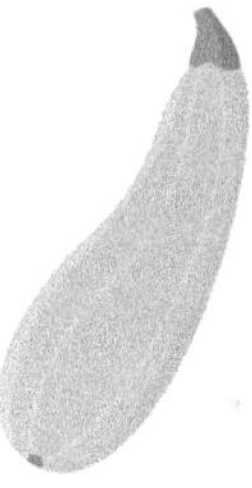

VELOUTÉ DE COURGETTES AU BROCOLI, GINGEMBRE ET CORIANDRE

POUR 4 PERSONNES
PRÉPARATION : 15 MIN
CUISSON : 20 MIN

Ingrédients : 400 g de courgettes, 1 tête de brocoli (environ 300 g), 75 cl de bouillon de volaille dégraissé, 2 gousses d'ail, 3 cm de gingembre, 2 c. à soupe d'huile d'olive
Topping : 2 branches de coriandre

> Lavez et essuyez les courgettes, coupez-les en dés. Séparez la tête de brocoli en petits bouquets.
> Mettez le tout dans une grande cocotte, arrosez de bouillon, portez à ébullition, baissez le feu, couvrez et laissez cuire pendant 20 minutes.
> Pelez les gousses d'ail ainsi que le morceau de gingembre, émincez-les.
> Mixez les légumes avec l'ail, le gingembre et l'huile d'olive. Vérifiez l'assaisonnement, versez dans quatre bols à potage, décorez de feuilles de coriandre ciselées.

Mon conseil

Adaptez la quantité de gingembre en fonction de votre goût pour les soupes « hot ».

Pour changer

Préparez ce velouté en remplaçant le brocoli par des feuilles d'épinards, ou en remplaçant les courgettes par des feuilles d'épinards

VELOUTÉ DE COURGETTES AU PERSIL

POUR 4 PERSONNES
PRÉPARATION : 10 MIN
CUISSON : 15 MIN

Ingrédients : ¼ de boule de céleri-rave, 4 courgettes, 1 litre de bouillon de volaille dégraissé, quelques brins de thym, 1 yaourt velouté nature, 2 bottes de persil

> Pelez le céleri, coupez-le en cubes. Lavez et essuyez les courgettes, détaillez-les en rondelles.
> Mettez les légumes dans une cocotte, arrosez de bouillon, ajoutez le thym. Portez à ébullition, baissez le feu, et laissez chauffer pendant 15 minutes.
> Mixez l'ensemble, ajoutez le yaourt, mélangez bien et vérifiez l'assaisonnement.
> Effeuillez le persil, hachez-le, mélangez-le au velouté. Répartissez dans des assiettes creuses.

VELOUTÉ DE COURGETTES, PETITS POIS ET ASPERGES

POUR 4 PERSONNES
PRÉPARATION : 15 MIN
CUISSON : 20 MIN

Ingrédients : 300 g de courgettes, 200 g d'asperges vertes, 100 g de pommes de terre, 100 g de petits pois écossés, 75 cl de bouillon de volaille dégraissé
Topping : 2 c. à soupe d'huile d'olive, quelques petits pois

> Lavez les courgettes, essuyez-les, émincez-les. Coupez le bout fibreux des asperges, détaillez-les en rondelles. Pelez les pommes de terre et taillez-les en petits cubes.
> Réunissez les courgettes, les asperges vertes, les cubes de pommes de terre et les petits pois dans une cocotte, mouillez avec le bouillon.
> Portez à ébullition, baissez le feu, couvrez et laissez cuire pendant 20 minutes. Retirez quelques petits pois avec une écumoire, réservez-les.
> Mixez les légumes avec le bouillon, vérifiez l'assaisonnement. Versez dans quatre bols à potage, arrosez d'un filet d'huile d'olive et parsemez de quelques petits pois. Servez aussitôt.

Pour changer

Remplacez les petits pois et/ou les asperges par des épinards frais, des brocolis ou des haricots verts.

VARIATIONS AUTOUR DES CHAMPIGNONS

CRÈME DE CHAMPIGNONS À LA TRUFFE ET AUX NOISETTES

POUR 4 PERSONNES
PRÉPARATION : 20 MIN
CUISSON : 30 MIN

Ingrédients : 6 échalotes, 2 gousses d'ail, 800 g de champignons divers, 2 c. à soupe d'huile d'olive, 2 yaourts veloutés nature, sel, poivre
Topping : huile de truffe, noisettes nature concassées

> Pelez et hachez les échalotes et les gousses d'ail. Nettoyez les champignons rapidement sous l'eau froide sans les laisser tremper, épongez-les, émincez-les.
> Faites chauffer l'huile d'olive dans une cocotte, faites fondre les échalotes et l'ail, ajoutez les champignons, recouvrez de 75 cl d'eau, salez, poivrez et laissez cuire à feu doux pendant 30 minutes.
> Mixez l'ensemble, vérifiez l'assaisonnement, ajoutez les yaourts. Versez dans quatre bols à potage, arrosez de quelques gouttes d'huile de truffe et parsemez de noisettes concassées.

Pour changer

Remplacez l'huile de truffe par de l'huile de noisette.

SOUPE DE CÈPES AUX CHÂTAIGNES

POUR 4 PERSONNES
PRÉPARATION : 20 MIN
CUISSON : 15 MIN

Ingrédients : 75 cl de bouillon de volaille dégraissé, 300 g de châtaignes au naturel en bocal, 25 cl de crème liquide à 8 % de MG, 200 g de cèpes, 1 c. à soupe d'huile de tournesol

> Versez le bouillon de volaille dans une casserole, ajoutez les châtaignes, réchauffez l'ensemble pendant 5 minutes, puis ajoutez la crème, laissez réchauffer encore 3 minutes. Mixez et réservez au chaud.
> Nettoyez soigneusement les cèpes, émincez-les. Faites-les revenir à la poêle dans l'huile chaude en remuant sans cesse pendant 5 minutes. Répartissez la crème de châtaignes dans quatre assiettes creuses, déposez au centre quelques morceaux de cèpes. Servez aussitôt.

Mon conseil

À défaut de cèpes frais, prenez des cèpes séchés que vous ferez réhydrater dans un bol d'eau chaude pendant 10 minutes minimum.

SOUPE DE CHAMPIGNONS À L'ORGE ET À LA SAUGE

POUR 4 PERSONNES
PRÉPARATION : 15 MIN
CUISSON : 30 MIN

Ingrédients : 2 gousses d'ail, 1 oignon, 2 c. à soupe d'huile d'olive, 300 g d'orge perlé, 10 feuilles de sauge, 300 g de champignons de Paris, sel, poivre

> Pelez et hachez les gousses d'ail et l'oignon. Faites-les fondre dans une cocotte avec une cuillerée d'huile d'olive pendant 3 minutes, arrosez de 75 cl d'eau, ajoutez l'orge perlé et les feuilles de sauge, salez, poivrez. Portez à ébullition, baissez le feu, laissez cuire pendant 30 minutes.
> Coupez le bout terreux des champignons, lavez-les rapidement, épongez-les, émincez-les. Faites-les revenir dans le reste d'huile d'olive.
> Versez la soupe dans des assiettes creuses, garnissez-les de champignons.

VELOUTÉ AUX MORILLES

POUR 4 PERSONNES
PRÉPARATION : 15 MIN
RÉHYDRATATION : 20 MIN
CUISSON : 25 MIN

Ingrédients : 1 sachet de morilles déshydratées (10 g) ou 100 g de morilles fraîches, 75 cl de bouillon de légumes, 2 échalotes, 400 g de champignons de Paris, 2 c. à soupe d'huile neutre, 2 yaourts veloutés nature
Topping : 4 morilles réservées, quelques brins de ciboulette

> Mettez les morilles dans un grand bol, arrosez-les d'un peu de bouillon de légumes. Laissez-les se réhydrater pendant 10 minutes.
> Pelez et hachez les échalotes. Coupez le bout terreux des champignons de Paris, passez-les rapidement sous l'eau, épongez-les, émincez-les.
> Égouttez les morilles en gardant le bouillon de trempage.
> Faites chauffer l'huile dans une cocotte, mettez les échalotes, laissez-les fondre doucement pendant 5 minutes en mélangeant, puis ajoutez les champignons de Paris émincés et les morilles. Laissez cuire en mélangeant délicatement pendant 5 minutes. Retirez quatre belles morilles, réservez-les pour le décor.
> Versez le reste du bouillon dans la cocotte ainsi que le bouillon de trempage des morilles. Portez à ébullition, baissez le feu, couvrez et laissez cuire pendant 15 minutes. Mixez les champignons et le bouillon. Vérifiez l'assaisonnement, ajoutez les yaourts, mélangez.
> Versez dans quatre assiettes creuses, décorez chaque assiette d'une morille et de brins de ciboulette.

Pour changer

Ajoutez des dés de poulet grillé, ou encore, pour un repas de fête, parsemez le velouté de quelques pelures de truffe.

VELOUTÉ DE CHAMPIGNONS DES BOIS

POUR 4 PERSONNES
PRÉPARATION : 15 MIN
CUISSON : 25 MIN

Ingrédients : 1 kg de champignons mélangés, 2 échalotes, 1 c. à soupe d'huile d'olive, noix de muscade râpée, 1 feuille de laurier, 1 yaourt velouté nature, sel, poivre
Topping : 4 branches de persil plat, croûtons de pain complet

> Nettoyez rapidement les champignons après avoir retiré le bout terreux et émincez-les. Pelez et hachez les échalotes.
> Faites chauffer l'huile dans une cocotte et faites revenir les échalotes pendant 2 minutes en mélangeant. Ajoutez les champignons, la feuille de laurier, de la noix de muscade, du sel, du poivre et arrosez de 75 cl d'eau chaude.
> Mélangez, portez à ébullition, baissez le feu, couvrez et laissez cuire pendant 20 minutes.
> Mixez avec le jus de cuisson jusqu'à la consistance souhaitée, vérifiez l'assaisonnement, incorporez le yaourt et mélangez.
> Versez dans quatre bols à potage, décorez de feuilles de persil ciselées et de croûtons de pain complet.

Pour changer

Ajoutez, avant de servir, des graines de sésame grillées à sec sur le velouté pour un effet légèrement croquant.

VELOUTÉ DE CHAMPIGNONS ET ENDIVES

POUR 4 PERSONNES
PRÉPARATION : 15 MIN
CUISSON : 30 MIN

Ingrédients : 200 g de champignons de Paris, 4 endives (800 g environ), 1 oignon, 1 c. à soupe d'huile d'olive, 75 cl de bouillon de légumes, noix de muscade râpée
Topping : quelques cerneaux de noix concassés

> Nettoyez les champignons, émincez-les. Retirez les feuilles flétries des endives, coupez-les en morceaux.
> Pelez et hachez l'oignon, faites-le fondre avec une cuillerée à soupe d'huile dans une cocotte pendant 3 minutes.
> Ajoutez les morceaux d'endives, poursuivez la cuisson en mélangeant pendant 5 minutes, puis mouillez avec le bouillon. Portez à ébullition, puis baissez le feu, couvrez et laissez chauffer pendant 10 minutes.
> Ajoutez les champignons, un peu de noix de muscade, poursuivez la cuisson pendant 10 minutes.
> Mixez l'ensemble, vérifiez l'assaisonnement. Versez dans quatre bols à potage, parsemez de cerneaux de noix grossièrement concassés.

VARIATIONS AUTOUR DES CHOUX

MINESTRONE DE CHOU

POUR 4 PERSONNES
PRÉPARATION : 20 MIN
CUISSON : 45 MIN

Ingrédients : 2 carottes, 2 tomates, 2 courgettes, 1 branche de céleri, ½ chou vert, 2 oignons, 2 gousses d'ail, 1 c. à soupe d'huile d'olive, 1 bouquet garni, 1 litre de bouillon de légumes, 100 g de lentilles corail, 100 g de pâtes complètes
Topping : 3 gousses d'ail, 3 branches de persil

> Pelez les carottes, taillez-les en rondelles. Pelez et épépinez les tomates, coupez la chair en dés. Lavez, essuyez et émincez les courgettes. Tronçonnez la branche de céleri. Ciselez le chou. Pelez et hachez les oignons et les gousses d'ail.
> Faites chauffer l'huile dans une grande cocotte, faites revenir ail et oignon pendant 3 minutes, ajoutez tous les légumes, le bouquet garni, arrosez de bouillon.
> Portez à ébullition, baissez le feu, couvrez et laissez cuire pendant 30 minutes. Ajoutez les lentilles et les pâtes, poursuivez la cuisson pendant 10 minutes.
> Répartissez le minestrone dans quatre assiettes creuses.
> Au moment de servir, pelez les gousses d'ail, hachez-les avec les feuilles de persil et disposez ce hachis sur les assiettes.

Mon conseil

Faites blanchir les feuilles de chou pendant 10 minutes dans de l'eau bouillante salée avant la cuisson des légumes pour le rendre plus digeste.

SOUPE DE CHOU AUX CHAMPIGNONS NOIRS

POUR 4 PERSONNES
PRÉPARATION : 20 MIN
CUISSON : 45 MIN

Ingrédients : 1 sachet de champignons noirs séchés, 1 gousse d'ail, 2 oignons, 1 chou-fleur, ½ chou frisé, 2 c. à soupe d'huile, 2 branches de thym, 2 feuilles de laurier, 2 c. à soupe de pâte miso, 1 litre de bouillon de légumes

> Mettez les champignons noirs dans un bol d'eau chaude, laissez-les se réhydrater pendant 10 minutes. Pelez et hachez l'ail et l'oignon. Épluchez le chou-fleur, séparez-le en petits bouquets. Ciselez finement le chou frisé.
> Faites chauffer l'huile dans une cocotte, faites revenir l'ail et l'oignon pendant 3 minutes, ajoutez le thym, le laurier, la pâte miso, les bouquets de chou-fleur, le chou frisé ciselé et les champignons noirs égouttés. Arrosez de bouillon, laissez cuire pendant 40 minutes.
> Retirez le thym et le laurier. Vérifiez l'assaisonnement, répartissez dans quatre bols à potage.

SOUPE DE CHOU, CÉLERI ET CAROTTES

POUR 4 PERSONNES
PRÉPARATION : 20 MIN
CUISSON : 1 H

Ingrédients : 4 carottes, ½ céleri-rave, 3 gousses d'ail, 3 oignons, 1 chou vert, 1 litre de bouillon de volaille dégraissé
Topping : 4 branches de persil plat

> Pelez les légumes. Détaillez les carottes, le céleri, l'ail et les oignons en petits dés. Ciselez finement le chou.
> Mettez tous les légumes dans une grande cocotte, arrosez-les de bouillon et portez à ébullition, puis baissez le feu. Laissez mijoter pendant 1 heure.
> Versez la soupe dans des assiettes creuses, parsemez de feuilles de persil ciselées.

SOUPE DE CHOU KALE ET LÉGUMES AU QUINOA

POUR 4 PERSONNES

PRÉPARATION : 15 MIN

CUISSON : 45 MIN

Ingrédients : 3 carottes, ¼ de céleri-rave (250 g environ), 1 blanc de poireau, 4 feuilles de chou kale, 1 c. à soupe d'huile d'olive, 75 cl de bouillon de légumes, 200 g de quinoa

> Pelez les carottes et le céleri, émincez-les. Nettoyez le blanc de poireau, émincez-le. Ciselez finement le chou kale après avoir retiré les côtes.

> Faites chauffer l'huile d'olive dans une cocotte, faites revenir les carottes, le céleri et le blanc de poireau pendant 5 minutes, puis ajoutez les lanières de chou, le bouillon de légumes et le quinoa.

> Portez à ébullition, puis laissez cuire à feu doux pendant 40 minutes. Vérifiez l'assaisonnement, répartissez dans quatre assiettes creuses.

SOUPE DE CHOU KALE, HARICOTS BLANCS ET GINGEMBRE

POUR 4 PERSONNES
PRÉPARATION : 15 MIN
CUISSON : 15 MIN

Ingrédients : 3 gousses d'ail, 2 cm de gingembre, 8 feuilles de chou kale, 1 c. à soupe d'huile d'olive, 400 g de tomates pelées, 400 g de haricots blancs au naturel en bocal, 75 cl de bouillon de légumes

> Pelez et hachez les gousses d'ail et le gingembre. Lavez et épongez les feuilles de chou, retirez la côte centrale, émincez les feuilles.
> Faites chauffer l'huile dans une cocotte, mettez les tomates pelées avec leur jus, laissez cuire doucement pendant 5 minutes.
> Ajoutez l'ail, le gingembre, les haricots blancs, arrosez de bouillon et prolongez la cuisson de 5 minutes. Ajoutez enfin le chou et poursuivez la cuisson pendant 5 minutes.
> Vérifiez l'assaisonnement, répartissez la soupe dans quatre bols à potage.

SOUPE DE CHOU, TOMATES ET CUMIN

POUR 4 PERSONNES
PRÉPARATION : 20 MIN
CUISSON : 35 MIN

Ingrédients : 1 chou vert, 4 tomates, 2 oignons, 2 c. à soupe d'huile d'olive, 1 bouquet garni, sel, poivre
Topping : 2 c. à soupe de graines de cumin

> Retirez les feuilles les plus dures du chou, émincez les feuilles tendres. Faites-les blanchir pendant 3 minutes dans l'eau bouillante, égouttez-les, hachez-les. Pelez et épépinez les tomates, concassez-les. Pelez et hachez les oignons.
> Faites chauffer l'huile dans une cocotte, faites fondre les oignons pendant 3 minutes en mélangeant.
> Ajoutez le chou, les tomates, le bouquet garni, arrosez d'un litre d'eau, salez, poivrez. Portez à ébullition, baissez le feu, couvrez et laissez cuire pendant 25 minutes.
> Vérifiez l'assaisonnement, répartissez la soupe dans quatre bols et parsemez de graines de cumin.

SOUPE DE CHOU VERT AUX HARICOTS BLANCS

POUR 4 PERSONNES
PRÉPARATION : 15 MIN
CUISSON : 40 MIN

Ingrédients : ½ chou vert, 4 carottes, 2 oignons, 1 c. à soupe d'huile d'olive, 1 bouquet garni, 400 g de haricots blancs cuits en bocal, sel, poivre

> Coupez le demi-chou vert en lanières, faites-les blanchir dans l'eau bouillante salée pendant 10 minutes. Pelez les carottes et les oignons, émincez-les.

> Faites chauffer l'huile d'olive dans une cocotte, faites revenir les carottes et les oignons pendant 5 minutes, salez, poivrez puis ajoutez les lanières de chou égouttées et le bouquet garni.

> Arrosez de 75 cl d'eau, portez à ébullition, baissez le feu, couvrez et laissez cuire pendant 30 minutes.

> Ajoutez les haricots blancs égouttés, poursuivez la cuisson pendant 5 minutes. Retirez le bouquet garni et répartissez la soupe dans quatre assiettes creuses.

SOUPE DE CHOU VERT AUX HARICOTS ROUGES

POUR 4 PERSONNES
PRÉPARATION : 20 MIN
CUISSON : 1 H 50

Ingrédients : 250 g de haricots rouges secs, ½ chou vert, 2 carottes, 2 pommes de terre, 2 navets, sel, poivre

> La veille, faites tremper les haricots rouges dans un saladier d'eau pendant 12 heures.

> Le jour du repas, mettez les haricots dans une cocotte, recouvrez-les d'eau, faites-les cuire pendant 1 heure.

> Épluchez le demi-chou vert, ciselez-le, faites-le blanchir dans une casserole d'eau bouillante salée pendant 10 minutes, puis égouttez-le.

> Pelez les carottes, les pommes de terre, les navets et coupez-les en dés.

> Mettez les légumes et le chou dans la cocotte, salez, poivrez, et laissez chauffer pendant 40 minutes.

> Répartissez la soupe dans quatre assiettes creuses. Servez très chaud.

SOUPE DE HARICOTS, SAUMON ET CHOU

POUR 4 PERSONNES
PRÉPARATION : 15 MIN
CUISSON : 15 MIN

Ingrédients : ½ chou vert, 1 oignon, 2 gousses d'ail, 2 c. à soupe d'huile d'olive, 300 g de pavés de saumon, 1 boîte de haricots blancs au naturel, 75 cl de bouillon de volaille dégraissé

> Ciselez finement le chou. Pelez l'oignon et l'ail, émincez-les.
> Faites chauffer l'huile dans une cocotte, laissez revenir l'ail, l'oignon et le chou vert en mélangeant pendant 5 minutes.
> Ajoutez les pavés de saumon, laissez cuire pendant 5 minutes. Effeuillez le poisson. Réservez les légumes et le poisson.
> Égouttez les haricots blancs, versez-les dans une casserole, arrosez-les de bouillon. Réchauffez-les et mixez l'ensemble.
> Répartissez la soupe de haricots blancs dans quatre assiettes creuses, disposez dessus les légumes et le poisson. Servez bien chaud.

VELOUTÉ DE BROCOLIS À LA POMME

POUR 4 PERSONNES
PRÉPARATION : 15 MIN
CUISSON : 20 MIN

Ingrédients : 2 têtes de brocolis (environ 600 g), 2 gousses d'ail, 3 cm de gingembre, 1 c. à soupe d'huile d'olive, 75 cl de bouillon de volaille dégraissé, sel, poivre
Topping : 1 pomme, 1 citron, 1 bouquet de coriandre

> Séparez les têtes des brocolis en petits bouquets, hachez-les grossièrement. Pelez les gousses d'ail et le gingembre, hachez-les.
> Faites chauffer l'huile dans une cocotte, mettez le hachis d'ail et de gingembre, mélangez, laissez revenir pendant 3 minutes, puis ajoutez les brocolis et le bouillon.
> Portez à ébullition, puis baissez le feu, couvrez et laissez cuire pendant 15 minutes. Mixez l'ensemble. Vérifiez l'assaisonnement.
> Pelez la pomme, détaillez-la en petits dés, citronnez-les au fur et à mesure. Versez le velouté dans quatre tasses, garnissez de dés de pommes et de feuilles de coriandre ciselées. Servez bien chaud.

Pour changer

Ajoutez au bouillon de volaille 20 cl de lait de coco allégé.

VELOUTÉ DE BROCOLIS AUX ÉPINARDS

POUR 4 PERSONNES
PRÉPARATION : 20 MIN
CUISSON : 20 MIN

Ingrédients : 1 tête de brocoli (300 g), 2 poignées d'épinards frais, 2 pommes de terre (200 g), 1 oignon, 1 c. à soupe d'huile d'olive, 75 cl de bouillon de volaille dégraissé

Topping : 2 c. à soupe d'amandes effilées, 2 branches de basilic

> Séparez la tête de brocoli en petits bouquets. Lavez, essorez et équeutez les pousses d'épinards. Pelez les pommes de terre, coupez-les en dés. Pelez et émincez l'oignon.

> Faites chauffer l'huile dans une cocotte, laissez fondre l'oignon pendant 3 minutes, puis ajoutez tous les légumes, arrosez de bouillon.

> Portez à ébullition, baissez le feu, couvrez et laissez cuire pendant 15 minutes. Mixez l'ensemble, vérifiez l'assaisonnement.

> Versez dans quatre assiettes creuses. Faites griller les amandes, ciselez le basilic, garnissez-en les assiettes.

VELOUTÉ DE BROCOLIS ET POIREAU

POUR 4 PERSONNES
PRÉPARATION : 15 MIN
CUISSON : 30 MIN

Ingrédients : 3 têtes de brocolis, 1 poireau, 1 oignon, 1 gousse d'ail, 1 c. à soupe d'huile d'olive, 75 cl de bouillon de volaille dégraissé
Topping : 3 branches de persil

> Séparez les têtes de brocolis en petits bouquets. Nettoyez et émincez le poireau.
> Pelez et hachez l'oignon et l'ail, faites-les fondre dans une cocotte avec l'huile d'olive pendant 3 minutes.
> Ajoutez les bouquets de brocolis et le poireau émincé, arrosez de bouillon, portez à ébullition, baissez le feu, couvrez et laissez cuire pendant 25 minutes.
> Mixez l'ensemble avec le bouillon jusqu'à la consistance désirée, vérifiez l'assaisonnement, versez dans quatre bols à potage. Décorez de feuilles de persil ciselées.

Pour changer

Servez avec des noix de saint-jacques cuites quelques minutes à la poêle ou à la plancha.

VELOUTÉ DE CHOU-FLEUR À LA VANILLE

POUR 4 PERSONNES
PRÉPARATION : 15 MIN
CUISSON : 30 MIN

Ingrédients : 1 pomme de terre (100 g), 1 chou-fleur, 50 cl de bouillon de volaille dégraissé, 1 bâton de vanille, 1 dl de lait de soja

> Pelez la pomme de terre, séparez le chou-fleur en petits bouquets.
> Versez le bouillon de volaille dans une cocotte, ajoutez la pomme de terre et le chou-fleur.
> Coupez la gousse de vanille en deux dans sa longueur, grattez les graines avec la pointe d'un couteau, faites-les tomber dans la cocotte.
> Portez à ébullition, baissez le feu, couvrez et laissez cuire pendant 30 minutes.
> Retirez le bâton de vanille, mixez les légumes avec le bouillon, vérifiez l'assaisonnement. Ajoutez le lait de soja, mélangez. Versez dans des bols à potage.

VELOUTÉ DE CHOU-FLEUR AU SÉSAME

POUR 4 PERSONNES
PRÉPARATION : 15 MIN
CUISSON : 50 MIN

Ingrédients : 1 pomme de terre (100 g), 1 chou-fleur, 1 c. à soupe d'huile de sésame, sel, poivre
Topping : 2 c. à soupe de graines de sésame grillées

> Pelez la pomme de terre, coupez-la en dés.
> Épluchez le chou-fleur, détaillez-le en bouquets, mettez-le dans une cocotte, ajoutez les dés de pomme de terre, arrosez d'eau, salez, poivrez et portez à ébullition. Baissez le feu, couvrez et faites cuire pendant 45 minutes.
> Égouttez les légumes et mixez-les avec du bouillon de cuisson. Vérifiez l'assaisonnement, ajoutez l'huile de sésame, mélangez.
> Faites griller les graines de sésame à sec dans une poêle. Versez le velouté dans quatre tasses, parsemez de graines de sésame torréfiées.

VELOUTÉ DE CHOU-FLEUR ET OIGNONS AU CURRY

POUR 4 PERSONNES
PRÉPARATION : 15 MIN
CUISSON : 25 MIN

Ingrédients : 1 chou-fleur, 2 oignons, 1 gousse d'ail, 1 c. à soupe d'huile d'olive, 2 c. à café de curry, 75 cl de bouillon de volaille dégraissé, 2 yaourts veloutés nature

Topping : 4 branches de coriandre

> Séparez le chou-fleur en petits bouquets. Pelez et hachez les oignons et l'ail.

> Faites chauffer l'huile dans une cocotte, faites fondre l'oignon en mélangeant pendant 3 minutes, puis saupoudrez de curry. Mélangez bien et ajoutez le chou-fleur, l'ail et arrosez de bouillon.

> Portez à ébullition, baissez le feu, couvrez et laissez cuire pendant 20 minutes.

> Mixez le chou-fleur avec le bouillon jusqu'à la consistance désirée, incorporez les yaourts et vérifiez l'assaisonnement.

> Versez dans quatre bols à potage. Parsemez de feuilles de coriandre ciselées.

Pour changer

Servez avec des dés de poulet grillé.

VELOUTÉ DE CHOU-FLEUR ET PÉTALES DE HADDOCK

POUR 4 PERSONNES

PRÉPARATION : 20 MIN

CUISSON : 45 MIN

Ingrédients : 1 chou-fleur, 3 carottes, 1 courgette, 200 g de filet de haddock, 1 yaourt velouté nature, sel, poivre

> Épluchez le chou-fleur, séparez-le en bouquets. Pelez les carottes, émincez-les. Lavez et essuyez la courgette, émincez-la.

> Réunissez les légumes dans une cocotte, recouvrez d'eau, salez et poivrez. Portez à ébullition, couvrez, laissez cuire pendant 35 minutes. Mixez les légumes avec un peu de bouillon, vérifiez l'assaisonnement.

> Placez le filet de haddock dans une casserole, recouvrez-le d'eau, poivrez mais ne salez pas. Portez à ébullition, laissez frémir pendant 5 à 10 minutes selon l'épaisseur du filet, égouttez-le, épluchez-le en enlevant soigneusement les arêtes, et effeuillez-le.

> Réchauffez le velouté à feu doux, ajoutez le yaourt, mélangez. Versez dans quatre assiettes creuses, déposez des pétales de haddock sur le velouté, servez aussitôt.

Pour changer

Remplacez le chou-fleur par une boule de céleri-rave.

VELOUTÉ DE CHOU-FLEUR, GINGEMBRE ET COCO

POUR 4 PERSONNES
PRÉPARATION : 10 MIN
CUISSON : 20 MIN

Ingrédients : 1 chou-fleur, 2 cm de gingembre, 1 gousse d'ail, 50 cl de bouillon de légumes, 20 cl de lait de coco allégé
Topping : 2 c. à soupe de graines de cumin, 4 branches de coriandre

> Épluchez le chou-fleur, séparez-le en petits bouquets, mettez-le dans une grande cocotte.
> Pelez et émincez le gingembre et la gousse d'ail, ajoutez-les au chou-fleur puis arrosez de bouillon et de lait de coco. Portez à ébullition, baissez le feu, couvrez et faites cuire pendant 20 minutes.
> Mixez le chou-fleur avec le bouillon jusqu'à la consistance désirée, vérifiez l'assaisonnement.
> Versez dans des bols à potage, décorez de graines de cumin et de feuilles de coriandre ciselées.

Pour changer

Ajoutez 500 g de carottes, pelées et taillées en rondelles, au chou-fleur.

VELOUTÉ DE CHOU KALE ET POMMES DE TERRE

POUR 4 PERSONNES
PRÉPARATION : 15 MIN
CUISSON : 30 MIN

Ingrédients : 4 grosses pommes de terre (400 g environ), 10 feuilles de chou kale, 1 gousse d'ail, 1 oignon, 2 cm de gingembre, 1 c. à soupe d'huile d'olive, 75 cl de bouillon de légumes, 1 dl de crème de soja
Topping : feuilles de persil plat, baies roses

> Pelez les pommes de terre, coupez-les en cubes. Retirez les grosses côtes des feuilles de chou, émincez-les finement. Pelez l'ail, l'oignon, le gingembre.
> Faites chauffer l'huile dans une cocotte, laissez revenir l'ail, l'oignon, le gingembre pendant 3 minutes. Ajoutez les pommes de terre, le chou et arrosez de bouillon. Portez à ébullition, baissez le feu, couvrez et laissez cuire pendant 20 minutes.
> Mixez l'ensemble, vérifiez l'assaisonnement, ajoutez la crème de soja, mélangez bien.
> Versez dans des bols à potage. Ciselez les feuilles de persil, parsemez-en les bols, ajoutez quelques baies roses.

VELOUTÉ DE CHOU ROMANESCO À LA POIRE

POUR 4 PERSONNES
PRÉPARATION : 10 MIN
CUISSON : 30 MIN

Ingrédients : 1 poireau, 1 poire, 400 g de chou romanesco, 1 c. à soupe d'huile d'olive, 75 cl de bouillon de volaille

> Nettoyez soigneusement le poireau, émincez-le finement. Épluchez la poire, coupez-la en cubes. Séparez le chou en petits bouquets.
> Faites chauffer l'huile dans une cocotte, mettez les légumes et la poire, mélangez, laissez cuire pendant 3 minutes et arrosez de bouillon.
> Laissez chauffer pendant 25 minutes. Prélevez quatre fleurettes de chou pour le décor. Mixez et vérifiez l'assaisonnement.
> Versez dans quatre bols à potage. Déposez sur chaque bol une fleurette de chou.

VELOUTÉ DE CHOU ROUGE

POUR 4 PERSONNES
PRÉPARATION : 10 MIN
CUISSON : 40 MIN

Ingrédients : ½ chou rouge, 1 oignon, 1 pomme de terre (100 g environ), 1 c. à soupe d'huile d'olive, 1 yaourt velouté nature, sel, poivre

> Émincez le demi-chou rouge. Pelez et émincez l'oignon. Pelez la pomme de terre, coupez-la en dés.

> Faites chauffer l'huile dans une grande cocotte, faites revenir l'oignon pendant 3 minutes, puis ajoutez le chou et les dés de pomme de terre, mélangez, recouvrez d'eau, salez, poivrez.

> Portez à ébullition, baissez le feu, couvrez et laissez cuire pendant 40 minutes. Mixez les légumes avec le bouillon jusqu'à la consistance désirée, vérifiez l'assaisonnement.

> Ajoutez le yaourt, mélangez bien. Répartissez dans quatre bols à potage.

VELOUTÉ SUPER LÉGER DE CHOU-FLEUR ET CAROTTES AU CURRY

POUR 4 PERSONNES
PRÉPARATION : 15 MIN
CUISSON : 20 MIN

Ingrédients : 1 chou-fleur, 3 carottes (environ 300 g), 1 oignon, 75 cl de bouillon de légumes, 1 c. à café de curry
Topping : quelques feuilles de persil

> Séparez le chou-fleur en petits bouquets. Pelez et émincez les carottes et l'oignon.
> Réunissez les légumes dans une cocotte, arrosez de bouillon, ajoutez le curry.
> Portez à ébullition, baissez le feu, couvrez et laissez cuire pendant 20 minutes. Mixez l'ensemble.
> Versez dans quatre bols à potage, décorez de feuilles de persil ciselées.

Pour changer

Ajoutez une pomme verte avant la cuisson.

VARIATIONS AUTOUR DES ÉPINARDS

CRÈME D'ÉPINARDS AU SÉSAME

POUR 4 PERSONNES
PRÉPARATION : 15 MIN
CUISSON : 10 MIN

Ingrédients : 1 oignon, 1 kg d'épinards frais, 1 c. à soupe d'huile de sésame, ½ c. à café de cumin moulu, 1 yaourt velouté nature
Topping : 2 c. à soupe de graines de sésame blond grillées

> Pelez l'oignon, hachez-le. Lavez, épongez, équeutez les épinards.
> Faites chauffer l'huile de sésame dans une cocotte, mettez l'oignon haché, les épinards, mélangez, salez, poivrez et laissez cuire pendant 3 minutes. Arrosez de 50 cl d'eau. Prolongez la cuisson pendant 5 minutes.
> Faites griller les graines de sésame à sec dans une poêle jusqu'à ce qu'elles blondissent.
> Mixez les légumes avec le jus de cuisson, vérifiez l'assaisonnement, incorporez le cumin et le yaourt, mélangez.
> Versez la crème d'épinards dans quatre bols, parsemez de graines de sésame torréfiées.

Pour changer

Remplacez les graines de sésame par un filet de lait de coco allégé. Dépaysement garanti.

VELOUTÉ D'ÉPINARDS À LA MUSCADE

POUR 4 PERSONNES
PRÉPARATION : 15 MIN
CUISSON : 20 MIN

Ingrédients : 750 g d'épinards frais, 2 pommes de terre (200 g environ), 2 c. à soupe d'huile d'olive, 1 litre de bouillon de volaille dégraissé, noix de muscade, sel, poivre
Topping : quelques croûtons de pain complet grillé frotté à l'ail

> Lavez et épongez les épinards, équeutez-les, ciselez-les. Pelez les pommes de terre, coupez-les en dés.
> Faites chauffer l'huile dans une cocotte, faites revenir les feuilles d'épinards et les dés de pommes de terre, mélangez, arrosez de bouillon de volaille.
> Ajoutez quatre pincées de noix de muscade et faites chauffer pendant 15 minutes.
> Mixez les légumes avec du bouillon jusqu'à la consistance désirée, versez dans des bols à potage. Disposez dessus quelques croûtons au moment de servir.

Pour changer

Complétez ce velouté avec quatre œufs durs hachés à répartir dans les bols au moment de servir ou, pour une version exotique, vous pouvez remplacer les croûtons par des petits dés de mangue.

VELOUTÉ D'ÉPINARDS CÉLERI ET COURGETTE

POUR 4 PERSONNES
PRÉPARATION : 20 MIN
CUISSON : 30 MIN

Ingrédients : 400 g d'épinards frais, 2 carottes, 2 courgettes, 1 branche de céleri, 1 litre de bouillon de légumes, 1 c. à café de curcuma, 2 c. à soupe d'huile d'olive, sel, poivre

> Lavez les épinards, épongez-les et équeutez-les. Pelez les carottes, coupez-les en rondelles. Lavez et essuyez les courgettes, détaillez-les en rondelles. Tronçonnez la branche de céleri.
> Versez le bouillon de légumes dans une grande cocotte, ajoutez les légumes, portez à ébullition puis baissez le feu et laissez cuire pendant 30 minutes.
> Mixez les légumes avec le bouillon, ajoutez le curcuma et l'huile d'olive, vérifiez l'assaisonnement, rectifiez si nécessaire. Répartissez dans des bols à potage.

VELOUTÉ D'ÉPINARDS ET D'OSEILLE À LA POIRE

POUR 4 PERSONNES
PRÉPARATION : 20 MIN
CUISSON : 15 MIN

Ingrédients : 400 g de feuilles d'épinards, 100 g d'oseille, 2 échalotes, 1 laitue, 2 pommes de terre, 1 c. à soupe d'huile d'olive, 75 cl de bouillon de légumes, 1 poire
Topping : 2 branches de persil, quelques baies roses

> Lavez et épongez les feuilles d'épinards, équeutez-les. Lavez et épongez l'oseille. Pelez les échalotes, hachez-les. Lavez, essorez et ciselez la laitue. Pelez les pommes de terre, coupez-les en dés.
> Faites chauffer l'huile dans une cocotte, faites revenir les échalotes, ajoutez les pommes de terre, l'oseille, la laitue et les épinards. Arrosez de bouillon de légumes, portez à ébullition, baissez le feu, couvrez et laissez cuire pendant 15 minutes.
> Épluchez la poire. Mixez les légumes avec la poire et le bouillon jusqu'à la consistance désirée.
> Vérifiez l'assaisonnement, versez dans quatre bols à potage et décorez de feuilles de persil et de baies roses.

VELOUTÉ D'ÉPINARDS, LÉGUMES ET ÉPICES

POUR 4 PERSONNES
PRÉPARATION : 20 MIN
CUISSON : 25 MIN

Ingrédients : 1 carotte, 1 oignon, 1 branche de céleri, 1 courgette, 400 g d'épinards frais, 1 c. à soupe d'huile d'olive, ½ c. à café de curcuma, ½ c. à café de curry, ½ c. à café de cumin, 75 cl de bouillon de légumes
Topping : un filet d'huile d'olive

> Pelez la carotte et l'oignon, émincez-les. Tronçonnez la branche de céleri. Lavez, essuyez et émincez la courgette. Lavez, épongez et équeutez les feuilles d'épinards.
> Faites chauffer une cuillerée à soupe d'huile dans une cocotte, laissez revenir les légumes pendant 3 minutes, ajoutez les épices, mouillez avec le bouillon.
> Portez à ébullition, baissez le feu, couvrez et laissez cuire pendant 20 minutes. Mixez les légumes avec le bouillon jusqu'à la consistance désirée, vérifiez l'assaisonnement.
> Versez dans des bols à potage, arrosez d'un filet d'huile d'olive.

VARIATIONS AUTOUR DU FENOUIL

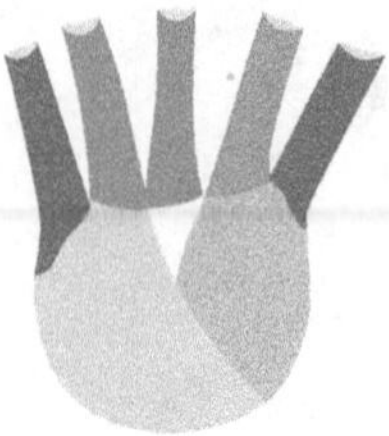

CRÈME DE FENOUIL ET PANAIS À LA PISTACHE

POUR 4 PERSONNES
PRÉPARATION : 15 MIN
CUISSON : 40 MIN

Ingrédients : 1 panais, 3 bulbes de fenouil, 1 échalote, 1 c. à soupe d'huile d'olive, 1 yaourt velouté nature, sel, poivre
Topping : 4 c. à café de pistaches nature concassées

> Pelez le panais, coupez-le en morceaux. Émincez les bulbes de fenouil. Pelez et hachez l'échalote.
> Faites chauffer l'huile d'olive dans une cocotte, laissez fondre l'échalote pendant 3 minutes.
> Ajoutez les légumes, arrosez de 75 cl d'eau, salez, poivrez et laissez cuire pendant 35 minutes. Mixez l'ensemble, vérifiez l'assaisonnement et incorporez le yaourt.
> Versez dans quatre bols à potage, décorez de pistaches.

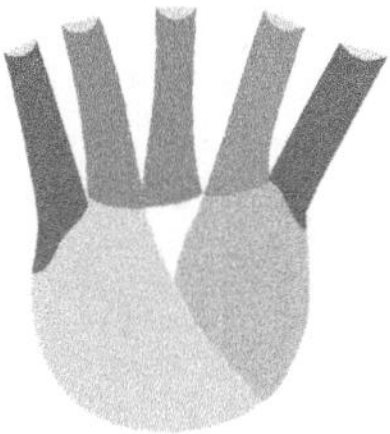

VELOUTÉ DE FENOUIL AU SAUMON

POUR 4 PERSONNES
PRÉPARATION : 20 MIN
CUISSON : 35 MIN

Ingrédients : 2 bulbes de fenouil (600 g environ), 1 poireau, 2 échalotes, 2 gousses d'ail, 1 orange, 400 g de saumon frais, 1 c. à soupe d'huile d'olive, 75 cl de bouillon de légumes
Topping : 1 bouquet d'aneth

> Émincez les bulbes de fenouil. Nettoyez soigneusement le poireau, taillez-le finement. Pelez et hachez les échalotes et l'ail. Pressez l'orange.
> Coupez le saumon en cubes.
> Faites chauffer l'huile dans une cocotte, laissez fondre les échalotes pendant 3 minutes. Ajoutez le poireau, le fenouil et l'ail, arrosez de bouillon et de jus d'orange.
> Portez à ébullition, baissez le feu, couvrez et laissez cuire pendant 20 minutes. Réservez.
> Prélevez un peu de bouillon, versez-le dans une casserole. Déposez les cubes de saumon et faites-les pocher pendant 10 minutes.
> Mixez les légumes avec du bouillon jusqu'à obtenir la consistance désirée. Vérifiez l'assaisonnement.
> Versez dans quatre assiettes creuses, répartissez les cubes de saumon et parsemez de brins d'aneth ciselés.

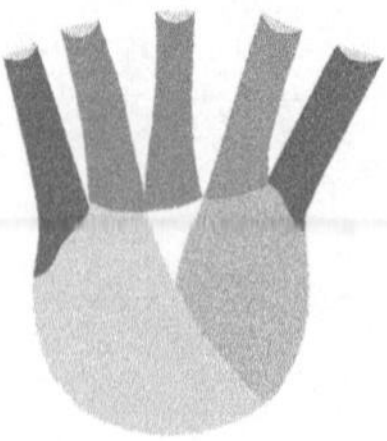

VELOUTÉ DE FENOUIL AUX MOULES

POUR 4 PERSONNES
PRÉPARATION : 15 MIN
CUISSON : 25 MIN

Ingrédients : 2 bulbes de fenouil, 2 branches de céleri, 50 cl de bouillon de légumes, 16 moules, 2 échalotes, 10 cl de vin blanc sec, 1 c. à soupe d'huile d'olive
Topping : 1 bouquet d'aneth

> Émincez finement le fenouil et le céleri, mettez-les dans une cocotte avec le bouillon de légumes, portez à ébullition, puis couvrez et laissez cuire pendant 15 minutes. Mixez, vérifiez l'assaisonnement, réservez.
> Nettoyez les moules. Pelez et hachez les échalotes.
> Faites chauffer l'huile d'olive dans une autre cocotte. Faites fondre l'échalote pendant 3 minutes puis ajoutez les moules et le vin blanc, salez, poivrez.
> Faites ouvrir les moules à feu vif en secouant la marmite régulièrement.
> Lorsque toutes les moules sont ouvertes, filtrez le jus de cuisson, ajoutez-le au velouté de fenouil, mélangez.
> Retirez une coquille sur deux aux moules. Versez le velouté de fenouil dans quatre assiettes creuses, disposez dessus les moules et parsemez de brins d'aneth.

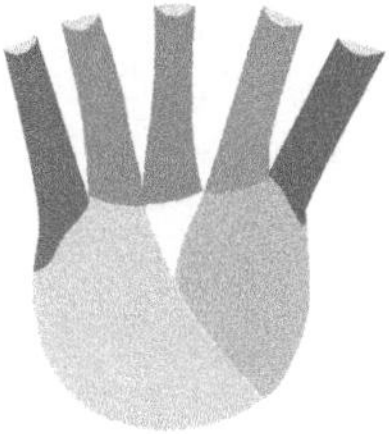

VELOUTÉ DE FENOUIL AUX POIREAUX

POUR 4 PERSONNES
PRÉPARATION : 15 MIN
CUISSON : 20 MIN

Ingrédients : 2 bulbes de fenouil, 2 poireaux, 1 gousse d'ail, 1 bouquet garni, 75 cl de bouillon de légumes
Topping : 4 branches de persil

> Émincez les bulbes de fenouil. Nettoyez et taillez finement les poireaux. Pelez et hachez la gousse d'ail.
> Mettez dans une cocotte le fenouil, les poireaux, l'ail et le bouquet garni, puis arrosez de bouillon.
> Portez à ébullition, baissez le feu, couvrez et laissez cuire pendant 20 minutes.
> Mixez l'ensemble jusqu'à obtenir la consistance désirée. Vérifiez l'assaisonnement et versez dans des bols à potage. Décorez de feuilles de persil ciselées.

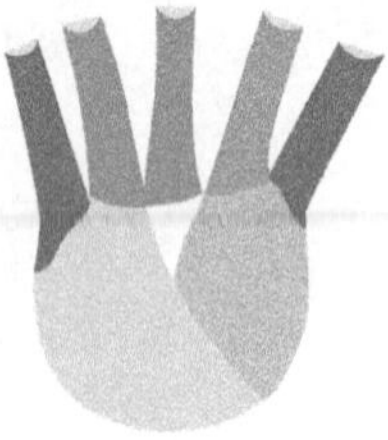

VELOUTÉ DE FENOUIL, CAROTTE ET GINGEMBRE

POUR 4 PERSONNES
PRÉPARATION : 15 MIN
CUISSON : 35 MIN

Ingrédients : 4 carottes, 1 échalote, 3 bulbes de fenouil, 2 cm de gingembre frais, 1 c. à soupe d'huile d'olive, 1 litre de bouillon de légumes
Topping : 1 bouquet de coriandre

> Pelez les carottes et l'échalote, émincez-les ainsi que les bulbes de fenouil.
> Pelez et râpez le gingembre.
> Faites chauffer l'huile dans une grande cocotte, mettez les légumes, le gingembre, mélangez et laissez cuire pendant 3 minutes.
> Mouillez de bouillon de légumes. Portez à ébullition, baissez le feu, couvrez et laissez chauffer pendant 30 minutes.
> Mixez l'ensemble, vérifiez l'assaisonnement, versez dans quatre assiettes à potage et parsemez de coriandre ciselée.

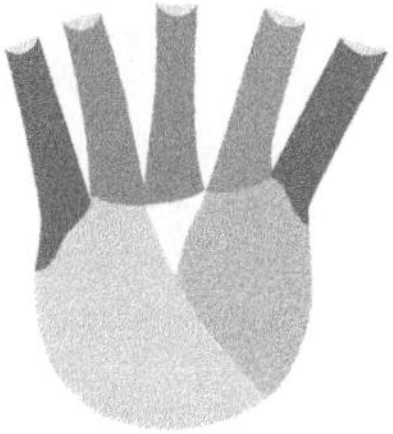

VELOUTÉ DE FENOUIL ET CÉLERI À L'ORANGE

POUR 4 PERSONNES
PRÉPARATION : 15 MIN
CUISSON : 20 MIN

Ingrédients : 2 bulbes de fenouil, 2 branches de céleri, 1 orange bio, 75 cl de bouillon de volaille dégraissé
Topping : 2 branches d'aneth, zeste d'orange

> Émincez les bulbes de fenouil et les branches de céleri. Râpez le zeste de l'orange, réservez et pressez le fruit.
> Versez le bouillon de volaille dans une cocotte, ajoutez le fenouil, le céleri et le jus d'orange.
> Portez à ébullition, baissez le feu, couvrez et laissez cuire pendant 15 minutes.
> Mixez l'ensemble, vérifiez l'assaisonnement. Versez dans quatre bols à potage. Hachez l'aneth, mélangez avec le zeste d'orange râpé et décorez-en les bols.

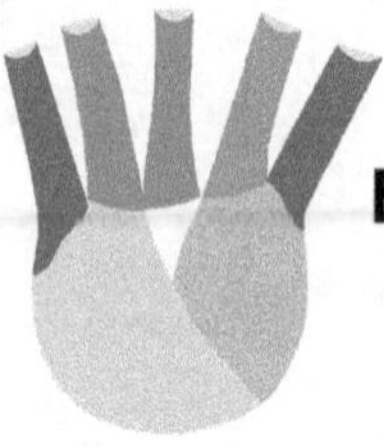

VELOUTÉ DE FENOUIL ET PETITS POIS À LA MENTHE

POUR 4 PERSONNES
PRÉPARATION : 15 MIN
CUISSON : 35 MIN

Ingrédients : 2 petits oignons, 2 petits bulbes de fenouil, 1 c. à soupe d'huile d'olive, 500 g de petits pois écossés frais ou surgelés, sel, poivre
Topping : 1 branche de menthe fraîche

> Épluchez et hachez les oignons.
> Émincez les bulbes de fenouil, faites-les revenir avec l'huile d'olive et les oignons dans une grande casserole.
> Ajoutez les petits pois, salez, poivrez et arrosez d'un litre d'eau.
> Portez à ébullition. Baissez ensuite le feu, couvrez et laissez chauffer pendant 30 minutes.
> Mixez, répartissez dans quatre tasses à potage et parsemez de feuilles de menthe ciselées.

VARIATIONS AUTOUR DES HERBES ET DES SALADES

SOUPE ROQUETTE ET COURGETTE

POUR 4 PERSONNES
PRÉPARATION : 10 MIN
CUISSON : 30 MIN

Ingrédients : 500 g de courgettes, 2 gousses d'ail, 75 cl de bouillon de volaille dégraissé, 1 sachet de roquette, 2 c. à soupe d'huile d'olive, poivre du moulin

> Lavez les courgettes, détaillez-les en cubes. Pelez les gousses d'ail.
> Faites cuire l'ail et les courgettes dans le bouillon de volaille pendant 30 minutes.
> Rincez la roquette. Mixez l'ensemble, ajoutez un filet d'huile d'olive, et donnez un tour de moulin à poivre.
> Servez chaud dans des tasses ou froid dans des verrines.

VELOUTÉ À L'OSEILLE

POUR 4 PERSONNES
PRÉPARATION : 15 MIN
CUISSON : 35 MIN

Ingrédients : 200 g d'oseille fraîche, 4 pommes de terre (400 g environ), 2 échalotes, 1 c. à soupe d'huile d'olive, 1 yaourt velouté nature, sel, poivre

> Lavez, épongez et équeutez les feuilles d'oseille. Pelez les pommes de terre et les échalotes, coupez-les en dés.
> Faites revenir l'ensemble dans une grande cocotte avec l'huile d'olive, mélangez pendant 5 minutes à feu moyen, puis arrosez d'un litre d'eau. Salez, poivrez, portez à ébullition, puis baissez le feu et laissez cuire pendant 30 minutes.
> Mixez les légumes avec le bouillon de cuisson jusqu'à la consistance désirée, vérifiez l'assaisonnement. Incorporez le yaourt. Versez dans quatre bols à potage.

Mon conseil

Réalisez cette recette de la même façon avec de l'oseille surgelée.

VELOUTÉ DE CRESSON ET DE POMMES DE TERRE

POUR 4 PERSONNES
PRÉPARATION : 15 MIN
CUISSON : 40 MIN

Ingrédients : 2 bottes de cresson, 4 pommes de terre (400 g environ), 2 échalotes, 2 c. à soupe d'huile d'olive, 1 yaourt velouté nature, sel, poivre
Topping : 4 belles feuilles de cresson réservées

> Épluchez le cresson, lavez-le à grande eau, essorez-le. Réservez quatre belles feuilles pour le décor. Pelez les pommes de terre, coupez-les en dés. Pelez et hachez les échalotes.
> Faites chauffer l'huile dans une cocotte, faites revenir à feu doux les échalotes et le cresson, mélangez bien. Salez, poivrez, ajoutez les pommes de terre, recouvrez d'eau et portez à ébullition.
> Baissez le feu, couvrez et laissez cuire pendant 40 minutes. Mixez les légumes avec du bouillon de cuisson jusqu'à la consistance désirée, vérifiez l'assaisonnement. Incorporez le yaourt, mélangez.
> Répartissez dans quatre bols à potage, décorez des feuilles de cresson réservées.

Pour changer

Vous pouvez remplacer les pommes de terre par deux courgettes.

VELOUTÉ DE LAITUE AU CERFEUIL

POUR 4 PERSONNES
PRÉPARATION : 15 MIN
CUISSON : 30 MIN

Ingrédients : 1 grosse laitue, 3 pommes de terre (environ 300 g), 1 litre de bouillon de légumes, 2 c. à soupe d'huile d'olive, sel, poivre
Topping : 4 branches de cerfeuil

> Épluchez la laitue, lavez-la, essorez-la et coupez-la en lanières. Pelez les pommes de terre, lavez-les et taillez-les en morceaux.
> Mettez la laitue et les pommes de terre dans une cocotte, versez le bouillon de légumes. Portez à ébullition, baissez le feu, couvrez et laissez chauffer pendant 30 minutes.
> Mixez les légumes en ajoutant du bouillon pour obtenir la consistance désirée.
> Ajoutez l'huile d'olive, vérifiez l'assaisonnement, rectifiez si nécessaire.
> Versez le velouté dans des bols, parsemez de feuilles de cerfeuil ciselées.

VELOUTÉ DE MÂCHE

POUR 4 PERSONNES
PRÉPARATION : 10 MIN
CUISSON : 15 MIN

Ingrédients : 400 g de mâche, 1 pomme de terre (100 g), 75 cl de bouillon de volaille dégraissé
Topping : 2 c. à soupe d'huile d'olive, graines germées, croûtons de pain complet grillé

> Nettoyez la mâche, essorez-la. Pelez la pomme de terre, coupez-la en dés.
> Mettez les légumes dans une cocotte, arrosez de bouillon, portez à ébullition. Baissez le feu, couvrez et laissez cuire pendant 15 minutes.
> Mixez l'ensemble, versez dans quatre mugs. Arrosez d'un filet d'huile d'olive, garnissez de quelques graines germées et de croûtons.

Pour changer

Remplacez la moitié de la mâche par de la roquette.

VELOUTÉ D'HERBES

POUR 4 PERSONNES
PRÉPARATION : 15 MIN
CUISSON : 5 MIN

Ingrédients : 1 botte de cresson, 200 g de mesclun, 200 g d'épinards frais, 1 botte de ciboulette, 1 bouquet de cerfeuil, 1 bouquet de persil plat, 2 branches de menthe, 1 litre de bouillon de légumes
Topping : herbes réservées, un filet d'huile d'olive

> Lavez le cresson et le mesclun. Essorez-les. Lavez, épongez et équeutez les épinards.
> Rincez les herbes, épongez-les, effeuillez-les et ciselez-les.
> Faites chauffer le bouillon de légumes, ajoutez les épinards, les feuilles de cresson et de mesclun, laissez cuire pendant 3 minutes. Ajoutez les deux tiers des herbes ciselées. Prolongez la cuisson pendant 1 minute.
> Mixez la soupe, vérifiez l'assaisonnement, rectifiez si nécessaire.
> Répartissez-la dans des bols à potage. Parsemez des herbes réservées et ajoutez un petit filet d'huile d'olive. Servez chaud ou frais, en été.

Pour changer

Garnissez les bols à potage d'une cuillerée à soupe d'œufs de saumon.

VARIATIONS AUTOUR DES LENTILLES

SOUPE DE LENTILLES À LA TOMATE

POUR 4 PERSONNES
PRÉPARATION : 5 MIN
CUISSON : 25 MIN

Ingrédients : 1 oignon, 2 gousses d'ail, 1 c. à soupe d'huile d'olive, 300 g de lentilles brunes, 1 grande boîte de tomates pelées au naturel, ½ c. à café de cumin en poudre, 75 cl de bouillon de légumes

> Pelez et hachez l'oignon et les gousses d'ail.
> Faites chauffer l'huile dans une cocotte, faites revenir l'ail et l'oignon pendant 3 minutes, ajoutez les lentilles, les tomates, le cumin et le bouillon de légumes.
> Portez à ébullition, baissez le feu, couvrez et laissez chauffer pendant 20 minutes. Vérifiez l'assaisonnement, versez dans quatre assiettes creuses.

SOUPE DE LENTILLES AU CHOU KALE

POUR 4 PERSONNES
PRÉPARATION : 15 MIN
CUISSON : 25 MIN

Ingrédients : 8 feuilles de chou kale, 1 gousse d'ail, 1 oignon, 1 carotte, 1 c. à soupe d'huile d'olive, 200 g de lentilles corail, 75 cl de bouillon de légumes
Topping : 1 citron bio, 3 branches de persil plat

> Lavez les feuilles de chou, épongez-les, retirez la grosse côte centrale et hachez les feuilles. Pelez et hachez l'ail et l'oignon. Pelez et émincez la carotte.
> Faites chauffer l'huile dans une cocotte, faites fondre l'oignon pendant 3 minutes, puis ajoutez l'ail, la carotte, le chou et les lentilles.
> Arrosez de bouillon, portez à ébullition, baissez le feu, couvrez et laissez cuire pendant 20 minutes.
> Vérifiez l'assaisonnement, versez dans quatre assiettes creuses. Râpez le zeste de citron, ciselez les feuilles de persil, mélangez-les. Disposez-les sur les assiettes.

SOUPE DE LENTILLES AU CURCUMA

POUR 4 PERSONNES
PRÉPARATION : 5 MIN
CUISSON : 2 H 10

Ingrédients : 1 oignon, 2 c. à soupe d'huile d'olive, 1 c. à soupe de curcuma, 200 g de lentilles, sel, poivre

> Pelez et hachez l'oignon. Faites-le fondre avec l'huile d'olive dans une cocotte pendant 3 minutes.
> Saupoudrez de curcuma, ajoutez les lentilles et 75 cl d'eau. Portez à ébullition, puis baissez le feu, couvrez et laissez cuire à feu très doux pendant 2 heures.
> Salez, poivrez et répartissez la soupe dans quatre assiettes creuses.

SOUPE DE LENTILLES AU RIZ ET À LA SAUGE

POUR 4 PERSONNES
PRÉPARATION : 10 MIN
CUISSON : 1 H

Ingrédients : 200 g de lentilles vertes, 2 feuilles de laurier, 2 gousses d'ail, 2 clous de girofle, 100 g de riz rond, 10 feuilles de sauge, sel, poivre
Topping : 2 c. à soupe d'huile d'olive

> Rincez les lentilles, mettez-les dans une grande cocotte avec les feuilles de laurier.
> Pelez les gousses d'ail, ajoutez-les ainsi que les clous de girofle. Arrosez de deux litres d'eau. Portez à ébullition, puis baissez le feu, couvrez et laissez cuire pendant 30 minutes.
> Ajoutez dans la cocotte le riz et la sauge, salez, poivrez, et prolongez la cuisson de 25 minutes.
> Retirez les feuilles de laurier, les clous de girofle et les gousses d'ail, et vérifiez l'assaisonnement. Répartissez la soupe dans quatre bols, arrosez d'un peu d'huile d'olive.

SOUPE DE LENTILLES AUX MOULES

POUR 4 PERSONNES
PRÉPARATION : 20 MIN
CUISSON : 45 MIN

Ingrédients : 2 litres de moules, 1 oignon, 1 gousse d'ail, 1 carotte, 1 blanc de poireau, 1 c. à soupe d'huile d'olive, 150 g de lentilles, 2 clous de girofle, 2 feuilles de laurier, sel, poivre
Topping : 12 brins de ciboulette

> Nettoyez soigneusement les moules. Pelez l'oignon, la gousse d'ail, la carotte, nettoyez le poireau, émincez-les.
> Faites chauffer l'huile dans une cocotte, mettez les moules, salez, poivrez. Laissez ouvrir à feu vif en secouant la cocotte pendant une dizaine de minutes. Réservez les moules et conservez le jus de cuisson.
> Mettez les lentilles dans une cocotte, ajoutez l'émincé de carotte, poireau, ail et oignon, ajoutez les clous de girofle et les feuilles de laurier. Couvrez d'eau, laissez cuire à feu doux pendant 30 minutes. Salez et poivrez à mi-cuisson.
> Retirez une coquille sur deux aux moules, filtrez le jus de cuisson, versez-le dans la cocotte contenant les lentilles. Mélangez.
> Répartissez les lentilles et les légumes dans quatre assiettes creuses, disposez les moules dessus, décorez de brins de ciboulette.

SOUPE DE LENTILLES, LÉGUMES, RIZ ET PIMENT

POUR 4 PERSONNES
PRÉPARATION : 15 MIN
CUISSON : 40 MIN

Ingrédients : 2 carottes, 2 patates douces (500 g), 1 oignon, 2 c. à soupe d'huile d'olive, 50 g de lentilles vertes, 100 g de riz long, 1 piment oiseau séché, sel, poivre
Topping : 1 pomme, 1 bouquet de coriandre

> Pelez les carottes, les patates douces, l'oignon, coupez-les en dés.
> Faites chauffer l'huile dans une cocotte, faites revenir les légumes pendant 3 minutes. Ajoutez les lentilles, le riz, le piment émietté, puis arrosez avec 75 cl d'eau. Faites cuire pendant 30 minutes à feu doux.
> Répartissez dans quatre assiettes creuses. Épluchez la pomme, coupez-la en petits dés, mélangez avec les feuilles de coriandre ciselées, parsemez-en les assiettes. Servez chaud.

Pour changer

Ajoutez des dés de poulet grillé.

VELOUTÉ DE LENTILLES AUX LÉGUMES

POUR 4 PERSONNES
PRÉPARATION : 15 MIN
CUISSON : 20 MIN

Ingrédients : 1 carotte, ¼ de céleri-rave, 1 blanc de poireau, 1 tomate, 2 gousses d'ail, 1 oignon, 200 g de lentilles corail, 1 bouquet garni, 1 litre de bouillon de légumes
Topping : 2 c. à soupe de vinaigre balsamique

> Pelez la carotte et le céleri. Nettoyez le poireau. Lavez et essuyez la tomate. Pelez l'ail et l'oignon. Coupez les légumes en morceaux.
> Mettez les lentilles dans une cocotte, ajoutez les légumes, le bouquet garni, arrosez de bouillon.
> Portez à ébullition, baissez le feu, couvrez et laissez chauffer pendant 20 minutes.
> Retirez le bouquet garni, mixez la soupe, vérifiez l'assaisonnement et versez-la dans des bols à potage. Déposez quelques gouttes de vinaigre balsamique. Servez bien chaud.

Mon conseil

Vous pouvez remplacer la tomate par une petite boîte de tomates pelées.

Pour changer

Pour une version plus rassasiante, ne mixez pas les légumes. Prenez soin de les couper en petits dés. Vous pouvez aussi ajouter un peu de garam masala si vous aimez les saveurs corsées.

VELOUTÉ DE LENTILLES ET ÉPINARDS

POUR 4 PERSONNES
PRÉPARATION : 10 MIN
CUISSON : 25 MIN

Ingrédients : 600 g de pousses d'épinards frais, 1 oignon, 1 c. à soupe d'huile d'olive, 100 g de lentilles vertes, 1 c. à soupe de curry, 75 cl de bouillon de volaille dégraissé, 10 cl de crème de soja
Topping : quelques feuilles de persil plat

> Lavez, épongez, équeutez les épinards.
> Pelez et hachez l'oignon. Faites-le revenir dans une cocotte avec l'huile d'olive.
> Ajoutez les épinards, les lentilles et le curry, arrosez de bouillon.
> Portez à ébullition, baissez le feu et couvrez. Laissez cuire pendant 25 minutes. Mixez, ajoutez la crème de soja et vérifiez l'assaisonnement.
> Versez dans des bols à potage, décorez de quelques feuilles de persil.

VARIATIONS AUTOUR DE LA PATATE DOUCE

SOUPE DE PATATES DOUCES, LENTILLES ET CANNELLE

POUR 4 PERSONNES
PRÉPARATION : 10 MIN
CUISSON : 20 MIN

Ingrédients : 2 patates douces (environ 400 g), 1 carotte, 2 oignons, 1 courgette, 3 branches de romarin, 1 bâton de cannelle, 3 feuilles de laurier, 75 cl de bouillon de légumes, 100 g de lentilles corail

> Pelez les patates douces, la carotte et les oignons, coupez-les en dés. Lavez et essuyez la courgette, émincez-la.
> Mettez-les dans une cocotte, ajoutez le romarin, la cannelle et le laurier, arrosez de bouillon et faites cuire pendant 10 minutes.
> Ajoutez les lentilles, prolongez la cuisson de 10 minutes. Retirez la cannelle, le laurier, le romarin.
> Vérifiez l'assaisonnement, puis répartissez les légumes dans quatre assiettes creuses.

Pour changer

Vous pouvez mixer les légumes pour obtenir un velouté.

SOUPE DE PATATES DOUCES, POIS CHICHES ET HARICOTS NOIRS AUX ÉPICES

POUR 4 PERSONNES
PRÉPARATION : 15 MIN
CUISSON : 1 H 45

Ingrédients : 250 g de haricots noirs, 2 gousses d'ail, 2 oignons, 2 c. à soupe d'huile d'olive, 1 c. à soupe de cumin en poudre, 1 c. à soupe de coriandre en poudre, 1 c. à soupe de paprika, 1 grosse pincée de piment d'Espelette, 2 petites patates douces (environ 500 g), 1 petite boîte de pois chiches au naturel (350 g), 75 cl de bouillon de légumes, sel

> Mettez les haricots noirs dans une grande casserole, arrosez-les de 2 litres d'eau froide, portez à ébullition, puis baissez le feu et laissez cuire pendant 1 heure. Égouttez-les.
> Épluchez et hachez l'ail et l'oignon, faites-les revenir dans une cocotte avec l'huile d'olive pendant 2 minutes, ajoutez toutes les épices, et poursuivez la cuisson pendant 5 minutes.
> Pelez les patates douces, coupez-les en dés, mettez-les dans la cocotte. Égouttez les pois chiches, ajoutez-les également, puis arrosez de bouillon de légumes.
> Portez à ébullition, puis baissez le feu et laissez cuire pendant 30 minutes.
> Ajoutez les haricots noirs, réchauffez-les pendant 5 minutes. Servez la soupe dans des bols individuels.

VELOUTÉ DE PATATES DOUCES À L'ORANGE

POUR 4 PERSONNES
PRÉPARATION : 10 MIN
CUISSON : 25 MIN

Ingrédients : 2 patates douces (500 g environ), 2 échalotes, 1 orange, 1 c. à soupe d'huile d'olive, 75 cl de bouillon de légumes
Topping : 1 yaourt velouté nature, 2 c. à café de baies roses

> Pelez les patates douces, coupez-les en petits morceaux. Pelez et hachez les échalotes. Pressez l'orange.
> Faites chauffer l'huile dans une cocotte, faites fondre les échalotes pendant 3 minutes.
> Ajoutez les patates douces, arrosez de bouillon et de jus d'orange.
> Portez à ébullition, baissez le feu, couvrez et laissez cuire pendant 20 minutes.
> Mixez les patates douces avec le bouillon jusqu'à la consistance désirée, vérifiez l'assaisonnement.
> Versez dans quatre bols à potage. Déposez une cuillerée à soupe de yaourt au centre des bols, saupoudrez de quelques baies roses. Servez aussitôt.

Pour changer

Remplacez le jus d'orange par deux poires bien mûres coupées en petits morceaux. Décorez alors les assiettes avec la chair d'une poire découpée en petits dés. Ou encore ajoutez un bulbe de fenouil émincé avant la cuisson. Très, très bon aussi !

VELOUTÉ DE PATATES DOUCES AUX ÉPICES

POUR 4 PERSONNES
PRÉPARATION : 15 MIN
CUISSON : 25 MIN

Ingrédients : 2 patates douces (500 g environ), 1 oignon, 3 carottes, 2 gousses d'ail, 2 cm de gingembre, 1 c. à soupe d'huile d'olive, 1 c. à café de cumin en poudre, 1 piment oiseau séché, 75 cl de bouillon de légumes, 2 citrons verts

> Pelez les patates douces, coupez-les en cubes. Épluchez l'oignon, les carottes, émincez-les. Pelez et émincez les gousses d'ail et le gingembre.
> Faites chauffer l'huile dans une cocotte, faites fondre l'oignon pendant 3 minutes.
> Ajoutez les patates douces, les carottes, l'ail, le gingembre, saupoudrez de cumin et émiettez tout ou partie du piment oiseau séché.
> Arrosez de bouillon, portez à ébullition. Baissez le feu, couvrez et laissez cuire pendant 20 minutes.
> Mixez, ajoutez le jus des citrons verts, vérifiez l'assaisonnement. Versez dans des bols à potage.

VELOUTÉ DE PATATES DOUCES COCO CURRY

POUR 4 PERSONNES
PRÉPARATION : 15 MIN
CUISSON : 25 MIN

Ingrédients : 2 patates douces (500 g environ), 2 oignons, 2 gousses d'ail, 2 cm de gingembre, 1 c. à soupe d'huile d'olive, 1 c. à soupe de curry, 75 cl de bouillon de légumes, 20 cl de lait de coco allégé
Topping : 4 branches de coriandre

> Pelez les patates douces, coupez-les en cubes. Épluchez les oignons, émincez-les. Pelez et émincez les gousses d'ail et le gingembre.
> Faites chauffer l'huile dans une cocotte, laissez fondre l'oignon pendant 3 minutes.
> Ajoutez les patates douces, l'ail et le gingembre, saupoudrez de curry, arrosez de bouillon et de lait de coco.
> Portez à ébullition, baissez le feu, couvrez et laissez chauffer pendant 20 minutes.
> Mixez, vérifiez l'assaisonnement et versez dans des bols à potage. Parsemez de feuilles de coriandre ciselées au moment de servir.

Pour changer

Ajoutez des dés de poulet ou encore des crevettes roses grillées.

VARIATIONS AUTOUR DES PETITS POIS

VELOUTÉ DE PETITS POIS À L'HUILE DE CIBOULETTE

POUR 4 PERSONNES
PRÉPARATION : 15 MIN
CUISSON : 20 MIN

Ingrédients : 1 gousse d'ail, 2 échalotes, 800 g de petits pois écossés (frais ou surgelés), 1 litre de bouillon de légumes, sel, poivre
Topping : 12 brins de ciboulette, 4 c. à soupe d'huile d'olive, sel, poivre

> Pelez l'ail et les échalotes, émincez-les. Mettez-les dans une cocotte avec les petits pois et le bouillon.
> Portez à ébullition, baissez le feu, couvrez et laissez cuire pendant 20 minutes. Mixez l'ensemble, vérifiez l'assaisonnement.
> Ciselez la ciboulette, mixez-la avec l'huile d'olive, un peu de sel et de poivre.
> Versez le velouté dans des bols, décorez d'huile de ciboulette. Servez bien chaud.

VELOUTÉ DE PETITS POIS ET ASPERGES AU CERFEUIL

POUR 4 PERSONNES
PRÉPARATION : 10 MIN
CUISSON : 25 MIN

Ingrédients : 1 bocal d'asperges vertes, 300 g de petits pois surgelés, 1 litre de bouillon de volaille dégraissé, 15 cl de crème de riz
Topping : pointes d'asperges, quelques feuilles de cerfeuil

> Égouttez les asperges, coupez les pointes, réservez-les.
> Versez les petits pois et les tiges des asperges dans une cocotte, couvrez de bouillon, portez à ébullition, baissez le feu et laissez cuire pendant 25 minutes.
> Mixez les légumes avec la crème de riz, ajoutez un peu de bouillon pour obtenir la consistance désirée. Vérifiez l'assaisonnement.
> Versez le velouté dans quatre bols à potage, garnissez de pointes d'asperges et de feuilles de cerfeuil.

Pour changer

Ajoutez sur chaque velouté trois grosses crevettes roses cuites décortiquées.

VARIATIONS AUTOUR DES POIREAUX

VELOUTÉ DE POIREAUX, AIL, ÉCHALOTE ET OIGNON

POUR 4 PERSONNES
PRÉPARATION : 15 MIN
CUISSON : 45 MIN

Ingrédients : 4 poireaux, 4 gousses d'ail, 6 échalotes, 4 oignons, 4 feuilles de laurier, 4 clous de girofle, sel, poivre

> Nettoyez soigneusement les poireaux en gardant les extrémités vertes et émincez-les. Pelez les gousses d'ail, les échalotes et les oignons, émincez-les également.
> Réunissez l'ensemble dans une cocotte avec le laurier et les clous de girofle, arrosez d'un litre d'eau. Salez, poivrez et portez à ébullition, couvrez, baissez le feu et laissez cuire pendant 45 minutes.
> Retirez les feuilles de laurier et les clous de girofle.
> Mixez les légumes avec le bouillon, répartissez dans quatre mugs, servez bien chaud.

VELOUTÉ DE POIREAUX AU CURRY

POUR 4 PERSONNES
PRÉPARATION : 15 MIN
CUISSON : 30 MIN

Ingrédients : 6 poireaux, 1 courgette, 75 cl de bouillon de légumes, 1 c. à soupe de curry doux, 10 cl de lait de soja
Topping : 2 branches de coriandre

> Nettoyez et émincez les poireaux. Lavez et essuyez la courgette, coupez-la en rondelles.
> Mettez les légumes dans une cocotte, mouillez avec le bouillon et ajoutez le curry.
> Portez à ébullition, baissez le feu, couvrez et laissez chauffer pendant 30 minutes.
> Mixez les légumes avec le bouillon jusqu'à obtenir la consistance désirée. Vérifiez l'assaisonnement, ajoutez le lait de soja, mélangez bien.
> Versez dans quatre bols à potage, parsemez de feuilles de coriandre ciselées.

VELOUTÉ DE POIREAUX, ÉPINARDS ET PERSIL

POUR 4 PERSONNES
PRÉPARATION : 15 MIN
CUISSON : 25 MIN

Ingrédients : 2 blancs de poireaux, 300 g d'épinards frais, 2 courgettes, 1 bouquet de persil plat, 2 c. à soupe d'huile d'olive, 75 cl de bouillon de volaille dégraissé, sel, poivre
Topping : un filet d'huile d'olive, persil effeuillé réservé

> Nettoyez les blancs de poireaux, émincez-les. Lavez et épongez les épinards, équeutez-les. Lavez et essuyez les courgettes, coupez-les en dés. Lavez, épongez et effeuillez le persil.
> Faites chauffer une cuillerée à soupe d'huile dans une sauteuse, mettez les légumes et la moitié du persil. Faites revenir pendant 3 minutes en mélangeant, puis arrosez de bouillon, couvrez et laissez cuire pendant 20 minutes.
> Mixez les légumes en ajoutant peu à peu le bouillon jusqu'à obtenir la consistance désirée. Vérifiez l'assaisonnement, rectifiez si nécessaire.
> Versez dans des bols à potage, versez quelques gouttes d'huile d'olive, et parsemez avec le reste de persil effeuillé.

VARIATIONS AUTOUR DES POIS CHICHES

MINESTRONE DE POIS CHICHES À LA ROQUETTE

POUR 4 PERSONNES

PRÉPARATION : 15 MIN

CUISSON : 30 MIN

Ingrédients : ¼ de boule de céleri-rave (250 g environ), 2 navets, 2 carottes, une tranche de potimarron (200 g environ), 1 gousse d'ail, 1 oignon, 1 c. à soupe d'huile d'olive, 1 sachet de roquette (100 g), 150 g de pois chiches en bocal

Topping : quelques feuilles de roquette

> Pelez le céleri, les navets, les carottes, le potimarron, coupez-les en morceaux. Pelez l'ail et l'oignon, émincez-les.

> Faites chauffer l'huile d'olive dans une cocotte, faites revenir l'ail et l'oignon en mélangeant pendant 3 minutes.

> Ajoutez les légumes, la moitié de la roquette, arrosez d'eau, salez, poivrez.

> Portez à ébullition, baissez le feu, couvrez et laissez cuire pendant 20 minutes.

> Ajoutez les pois chiches égouttés, prolongez la cuisson pendant 5 minutes.

> Répartissez la soupe dans quatre assiettes creuses, décorez de quelques feuilles de roquette.

SOUPE DE POIS CHICHES À LA TOMATE

POUR 4 PERSONNES
PRÉPARATION : 10 MIN
CUISSON : 1 H 45

Ingrédients : 250 g de pois chiches secs, 1 carotte, 2 oignons, 2 clous de girofle, 1 bouquet garni, 1 boîte de tomates pelées au naturel, 2 c. à soupe d'huile d'olive, sel, poivre
Topping : quatre cuillerées à soupe de pois chiches

> La veille du repas, mettez les pois chiches dans un saladier, recouvrez-les d'eau et laissez-les tremper pendant 10 heures. Le jour du repas, pelez la carotte et un oignon. Piquez l'oignon de clous de girofle.
> Égouttez les pois chiches, mettez-les dans une grande cocotte avec la carotte, l'oignon, le bouquet garni. Recouvrez-les d'eau.
> Portez à ébullition, puis baissez le feu et laissez cuire pendant 1 h 30. Salez, poivrez, mélangez, puis égouttez les pois chiches en conservant le bouillon de cuisson. Réservez quatre cuillerées à soupe de pois chiches pour le décor.
> Mixez les tomates pelées, faites-les réduire dans une casserole à feu moyen, salez, poivrez.
> Pelez le second oignon, émincez-le, faites-le roussir avec l'huile d'olive dans une grande casserole, puis ajoutez les tomates pelées écrasées, les pois chiches et le bouillon de cuisson. Salez et poivrez.
> Faites cuire à feu doux pendant 15 minutes, puis mixez l'ensemble.
> Vérifiez l'assaisonnement, répartissez la soupe dans quatre bols à potage, déposez au milieu quelques pois chiches. Servez très chaud.

Pour changer

Faites cuire des lamelles d'encornets à la plancha sans matières grasses, déposez-les sur la soupe au moment de servir.

SOUPE DE POIS CHICHES AUX ÉPICES ET AUX RAISINS SECS

POUR 4 PERSONNES
PRÉPARATION : 10 MIN
CUISSON : 15 MIN

Ingrédients : 2 gousses d'ail, 1 oignon, 1 boîte de pois chiches en conserve, 1 grande boîte de tomates pelées au naturel, 1 bouquet de persil plat, 1 c. à soupe d'huile d'olive, 1 c. à café de cumin, 1 c. à café de curry, sel, poivre
Topping : une vingtaine de raisins secs

> Pelez et hachez les gousses d'ail et l'oignon. Rincez les pois chiches. Écrasez les tomates pelées à la fourchette. Ciselez le persil.
> Faites chauffer l'huile dans une cocotte, laissez revenir l'ail et l'oignon. Ajoutez le persil, saupoudrez de cumin et de curry, mélangez, puis ajoutez les tomates écrasées et les pois chiches.
> Salez, poivrez, arrosez de 75 cl d'eau. Portez à ébullition, baissez le feu, couvrez et laissez cuire à feu doux pendant 10 minutes.
> Mixez l'ensemble, vérifiez l'assaisonnement. Versez dans quatre bols à potage, décorez de quelques raisins secs.

SOUPE DE POIS CHICHES ET PATATES DOUCES AU CUMIN

POUR 4 PERSONNES

PRÉPARATION : 15 MIN

CUISSON : 40 MIN

Ingrédients : 2 patates douces (500 g), 1 oignon, 1 gousse d'ail, 1 c. à soupe d'huile d'olive, 1 c. à soupe de cumin en poudre, 75 cl de bouillon de légumes, 1 bocal de pois chiches au naturel (300 g)

> Pelez les patates douces et coupez-les en morceaux.

> Épluchez et émincez l'oignon et la gousse d'ail, faites-les fondre dans une cocotte avec l'huile d'olive pendant 3 minutes.

> Ajoutez les patates douces, saupoudrez de cumin en poudre, arrosez de bouillon. Portez à ébullition, baissez le feu, et laissez cuire pendant 30 minutes.

> Ajoutez les pois chiches égouttés, poursuivez la cuisson encore 5 minutes. Répartissez dans quatre assiettes creuses.

SOUPE DE POIS CHICHES, PATATE DOUCE ET CHOU KALE

POUR 4 PERSONNES

PRÉPARATION : 15 MIN

CUISSON : 25 MIN

Ingrédients : 200 g de pois chiches secs, 1 gousse d'ail, 1 oignon, 2 cm de gingembre, 1 petite patate douce (250 g), 4 feuilles de chou kale, 1 c. à soupe d'huile d'olive, 75 cl de bouillon de légumes

> Mettez les pois chiches à tremper la veille du repas dans un saladier.

> Le jour même, égouttez-les. Pelez l'ail, l'oignon, le gingembre, émincez-les. Pelez la patate douce, détaillez-la en petits dés. Lavez et essuyez les feuilles de chou, retirez la côte centrale, ciselez-les finement.

> Faites chauffer l'huile dans une cocotte, faites fondre l'oignon pendant 3 minutes. Ajoutez l'ail, le gingembre, les légumes, mélangez, arrosez de bouillon.

> Portez à ébullition, baissez le feu, couvrez et laissez cuire pendant 20 minutes.

> Vérifiez l'assaisonnement, répartissez dans quatre assiettes creuses.

Pour changer

Ajoutez un peu de piment de Cayenne.

VELOUTÉ DE POIS CHICHES AUX CHÂTAIGNES

POUR 4 PERSONNES
PRÉPARATION : 15 MIN
CUISSON : 25 MIN

Ingrédients : 1 carotte, 1 gousse d'ail, 1 échalote, 1 blanc de poireau, 1 c. à soupe d'huile d'olive, 200 g de pois chiches en bocal, 300 g de châtaignes en bocal, 1 bouquet garni, 75 cl de bouillon de légumes
Topping : quelques pois chiches, feuilles de persil

> Pelez et émincez la carotte, l'ail et l'échalote. Nettoyez le poireau, émincez-le.
> Faites chauffer l'huile dans une cocotte, faites revenir les légumes émincés pendant 5 minutes en mélangeant.
> Ajoutez les pois chiches (gardez-en quelques-uns pour le décor), les châtaignes, le bouquet garni et arrosez de bouillon.
> Portez à ébullition, baissez le feu, couvrez et laissez cuire pendant 20 minutes.
> Mixez l'ensemble, vérifiez l'assaisonnement. Versez dans quatre bols à potage, décorez de pois chiches entiers et de feuilles de persil ciselées.

VELOUTÉ DE POIS CHICHES, POIVRONS ET CUMIN

POUR 4 PERSONNES
PRÉPARATION : 10 MIN
CUISSON : 1 H

Ingrédients : 250 g de pois chiches, 2 c. à c. de cumin en poudre, 1 bouquet garni, 2 poivrons jaunes, 50 cl de bouillon de légumes
Topping : poivron

> La veille du repas, laissez tremper les pois chiches dans de l'eau froide.
> Le jour du repas, égouttez-les, mettez-les dans une cocotte avec le cumin et le bouquet garni. Pelez et épépinez les poivrons, coupez-les en morceaux, ajoutez-les dans la cocotte.
> Mouillez de bouillon de légumes. Portez à ébullition, baissez le feu, couvrez et laissez cuire pendant 1 heure.
> Mixez les pois chiches et les poivrons avec du bouillon jusqu'à obtenir la consistance désirée.
> Vérifiez l'assaisonnement, versez dans des bols à potage. Détaillez la pulpe des poivrons en petits dés, mélangez-les, garnissez-en les assiettes.

Pour changer

Remplacez les poivrons jaunes par 400 g d'épinards frais. Pour décorer, prélevez quelques pois chiches cuits avant le mixage et ajoutez quelques feuilles de persil plat.

VARIATIONS AUTOUR DU POISSON ET DES COQUILLAGES

BOUILLABAISSE DE CABILLAUD

POUR 4 PERSONNES
PRÉPARATION : 15 MIN
CUISSON : 40 MIN

Ingrédients : 4 gousses d'ail, 2 oignons, 1 blanc de poireau, 4 c. à soupe d'huile d'olive, 250 g de pommes de terre, 3 tomates pelées, 1 bouquet garni, 10 cl de vin blanc sec, 1 dosette de safran, piment de Cayenne, 600 g de cabillaud, sel

> Pelez et hachez grossièrement l'ail, les oignons et le blanc de poireau.
> Faites chauffer l'huile dans une grande cocotte, ajoutez ail, oignon, poireau et faites revenir en mélangeant pendant 5 minutes.
> Pelez les pommes de terre, coupez-les en rondelles. Mettez-les dans la cocotte avec les tomates pelées, le bouquet garni, le vin blanc, le safran, une pointe de couteau de piment de Cayenne et un peu de sel.
> Ajoutez de l'eau à hauteur des ingrédients, couvrez et laissez cuire pendant 20 minutes.
> Coupez le cabillaud en cubes, ajoutez-les et poursuivez la cuisson de 15 minutes. Retirez le bouquet garni, vérifiez l'assaisonnement.
> Répartissez dans quatre assiettes creuses, servez bien chaud.

SOUPE AUX MOULES ET AUX CREVETTES

POUR 4 PERSONNES
PRÉPARATION : 20 MIN
CUISSON : 30 MIN

Ingrédients : 1 poivron rouge, 3 tomates, 3 gousses d'ail, 2 c. à soupe d'huile d'olive, 1 dose de safran, 50 cl de bouillon de légumes, 2 litres de moules, 100 g de petites crevettes décortiquées
Topping : 4 branches de persil plat

> Pelez, épépinez et coupez en petits dés le poivron et les tomates. Pelez et hachez les gousses d'ail.
> Faites chauffer une cuillerée à soupe d'huile d'olive dans une cocotte, mettez l'ail et les légumes, mélangez, laissez cuire pendant 5 minutes. Salez, poivrez, ajoutez le safran et le bouillon de légumes, poursuivez la cuisson pendant 15 minutes. Les légumes doivent être très tendres.
> Nettoyez les moules à grande eau, égouttez-les. Faites chauffer la cuillerée d'huile restante dans une autre cocotte, mettez les moules et laissez-les s'ouvrir à feu vif en secouant régulièrement la cocotte. Lorsqu'elles sont toutes ouvertes, retirez-les avec une écumoire, enlevez une coquille sur deux.
> Passez le jus de cuisson dans une passoire, versez-le dans la soupe, ajoutez les crevettes, réchauffez pendant 1 minute. Vérifiez l'assaisonnement.
> Répartissez la soupe dans quatre assiettes à potage, disposez les moules au centre de chaque assiette. Parsemez de feuilles de persil ciselées.

SOUPE DE CABILLAUD AU LAIT DE COCO

POUR 4 PERSONNES
PRÉPARATION : 5 MIN
CUISSON : 20 MIN

Ingrédients : 4 carottes, 200 g de petits pois écossés, 50 cl de lait de coco allégé, 4 pavés de cabillaud de 130 g chacun environ, sel, poivre
Topping : 1 bouquet de coriandre

> Pelez les carottes, détaillez-les en bâtonnets.
> Versez le lait de coco dans une casserole, ajoutez les bâtonnets de carottes, les petits pois, du sel et du poivre.
> Faites cuire pendant 5 minutes, ajoutez les pavés de cabillaud, prolongez la cuisson de 10 à 12 minutes.
> Déposez les pavés de cabillaud et les légumes dans des assiettes creuses, arrosez de bouillon de cuisson, décorez de feuilles de coriandre ciselées. Servez aussitôt.

Pour changer

Ajoutez un peu de piment au bouillon, ou encore une cuillerée à soupe de curry.

SOUPE DE MOULES AU CHOU-FLEUR ET AU CÉLERI

POUR 4 PERSONNES

PRÉPARATION : 25 MIN

CUISSON : 30 MIN

Ingrédients : 2 litres de moules, 1 pomme de terre (100 g), 3 branches de céleri, ½ chou-fleur, 1 gousse d'ail, 1 échalote, 1 c. à soupe d'huile d'olive, 25 cl de vin blanc sec, 50 cl de bouillon de légumes

Topping : 4 branches de persil plat

> Nettoyez soigneusement les moules. Pelez la pomme de terre, coupez-la en petits dés. Tronçonnez finement les branches de céleri. Séparez le chou-fleur en petits bouquets. Pelez l'ail et l'échalote.

> Versez l'huile dans une cocotte, faites revenir l'ail et l'échalote, ajoutez les moules, laissez-les s'ouvrir à feu vif en secouant la cocotte. Lorsque les moules sont toutes ouvertes, retirez-les avec une écumoire, réservez.

> Filtrez le jus de cuisson. Versez-le dans la cocotte, ajoutez le vin blanc, le bouillon et les légumes. Portez à ébullition, baissez le feu et laissez cuire pendant 20 minutes.

> Pendant ce temps, retirez aux moules une coquille sur deux. Remettez-les dans la cocotte, réchauffez pendant 2 minutes et répartissez dans quatre assiettes creuses. Hachez le persil, garnissez-en les assiettes.

SOUPE DE MOULES COCO

POUR 4 PERSONNES
PRÉPARATION : 20 MIN
CUISSON : 10 MIN

Ingrédients : 2 litres de moules de bouchot, 1 oignon, 1 c. à soupe d'huile d'olive, 50 cl de lait de coco allégé, sel, poivre
Topping : piment en poudre, 4 branches de coriandre

> Nettoyez soigneusement les moules. Pelez l'oignon, hachez-le.
> Faites revenir l'oignon avec l'huile dans une cocotte, ajoutez les moules, laissez-les s'ouvrir à feu vif en secouant la cocotte pendant 5 minutes environ.
> Versez le lait de coco, poursuivez la cuisson pendant 3 minutes.
> Répartissez les moules et le jus de cuisson dans quatre assiettes creuses, saupoudrez d'un peu de piment, parsemez de feuilles de coriandre ciselées.

Pour changer

Ajoutez une cuillerée à soupe de curry, ou encore deux tiges de citronnelle.

SOUPE DE POISSON AU FENOUIL ET À L'ORANGE

POUR 4 PERSONNES
PRÉPARATION : 20 MIN
CUISSON : 1 H 15

Ingrédients : 2 gousses d'ail, 1 oignon, 1 petite branche de céleri, 1 bulbe de fenouil, 1 tomate, 1 orange bio, 2 c. à soupe d'huile d'olive, 1 bouquet garni, 2 kg de têtes et de parures de poisson (à demander au poissonnier), sel, poivre
Topping : 1 c. à soupe de graines de fenouil, croûtons de pain complet frottés à l'ail et à la tomate

> Pelez l'ail et l'oignon, émincez-les, ainsi que la branche de céleri et le bulbe de fenouil. Coupez la tomate en petits morceaux. Prélevez le zeste de l'orange.

> Faites chauffer l'huile d'olive dans une grande cocotte, laissez fondre l'ail et l'oignon pendant 3 minutes, ajoutez les légumes, les têtes et parures de poisson, le zeste d'orange et le bouquet garni, arrosez d'un litre d'eau, salez, poivrez.

> Portez à ébullition, puis baissez le feu et laissez chauffer pendant 1 heure. Pressez l'orange.

> Retirez le poisson, mettez-le dans une passoire, pressez-le au-dessus d'un grand bol pour en extraire les sucs, prélevez la chair s'il en reste.

> Ôtez le bouquet garni. Mixez les légumes avec le jus de cuisson et le jus d'orange, vérifiez l'assaisonnement.

> Versez la soupe dans quatre bols à potage, parsemez de graines de fenouil, ajoutez quelques croûtons. Servez bien chaud.

Pour changer

Remplacez l'orange par une dosette de safran.

VELOUTÉ DE MOULES AU SAFRAN

POUR 4 PERSONNES
PRÉPARATION : 20 MIN
CUISSON : 15 MIN

Ingrédients : 1,5 kg de moules de bouchot, 1 oignon, 1 gousse d'ail, 1 blanc de poireau, 2 c. à soupe d'huile d'olive, 1 dl de vin blanc sec, 75 cl de bouillon de coquillages bio, 1 dosette de safran, sel, poivre
Topping : une douzaine de moules

> Nettoyez soigneusement les moules, lavez-les à grande eau. Pelez l'oignon et l'ail, hachez-les. Lavez le poireau, détaillez-le en julienne.
> Faites chauffer l'huile dans une grande cocotte, mettez le hachis d'oignon et d'ail, le poireau émincé, mélangez bien.
> Ajoutez le vin, laissez cuire pendant 2 minutes, puis ajoutez le bouillon et le safran.
> Portez à ébullition, déposez les moules et laissez-les s'ouvrir pendant une dizaine de minutes. Retirez les moules avec une écumoire, décoquillez-les. Réservez-en une douzaine pour le décor.
> Mixez les moules avec le bouillon, vérifiez l'assaisonnement, répartissez dans quatre assiettes creuses et décorez avec les moules réservées.

VELOUTÉ DE POISSON AUX LÉGUMES, POINTE DE CUMIN

POUR 4 PERSONNES
PRÉPARATION : 15 MIN
CUISSON : 35 MIN

Ingrédients : 2 oignons, 2 poireaux, 2 carottes, 2 bulbes de fenouil, 1 bouquet de persil, 2 c. à soupe d'huile d'olive, 400 g de poisson blanc, 1 litre de bouillon de volaille
Topping : 1 c. à soupe de graines de cumin

> Pelez les oignons, émincez-les finement. Nettoyez les poireaux, détaillez-les en rondelles. Pelez les carottes, émincez-les, ainsi que les bulbes de fenouil. Effeuillez le persil.
> Faites chauffer l'huile dans une grande cocotte, laissez fondre les oignons pendant 3 minutes, puis ajoutez les poireaux, les carottes, le fenouil, le persil et le poisson.
> Mouillez avec le bouillon de volaille. Portez à ébullition, baissez le feu, couvrez et laissez cuire pendant 30 minutes. Vérifiez l'assaisonnement, mixez l'ensemble.
> Versez dans quatre assiettes creuses, garnissez de graines de cumin. Servez bien chaud.

VARIATIONS AUTOUR DU POTIMARRON ET DU POTIRON

CRÈME DE POTIMARRON AUX CHÂTAIGNES ET À LA CANNELLE

POUR 4 PERSONNES
PRÉPARATION : 15 MIN
CUISSON : 35 MIN

Ingrédients : 1 potimarron, 1 bocal de châtaignes au naturel (300 g environ)
1 c. à soupe d'huile d'olive, 1 c. à soupe de cannelle moulue, 75 cl de bouillon de volaille dégraissé, 1 yaourt velouté nature
Topping : éclats de châtaignes

> Coupez le potimarron en deux, retirez les graines, détaillez-le en cubes.
> Égouttez les châtaignes. Faites chauffer l'huile dans une cocotte, faites revenir le potimarron pendant 3 minutes, ajoutez les trois quarts des châtaignes, la cannelle et le bouillon de volaille.
> Portez à ébullition, couvrez et laissez cuire pendant 30 minutes. Mixez l'ensemble, vérifiez l'assaisonnement, incorporez le yaourt, mélangez.
> Répartissez la crème dans quatre assiettes creuses. Détaillez les châtaignes restantes en petits éclats, disposez-les au centre des assiettes.

Pour changer

Ajoutez un quart de boule de céleri-rave coupé en cubes.

VELOUTÉ DE POTIMARRON À L'ORANGE

POUR 4 PERSONNES
PRÉPARATION : 15 MIN
CUISSON : 35 MIN

Ingrédients : 1 kg de potimarron, 1 oignon, 1 orange bio, 1 c. à soupe d'huile d'olive, 75 cl de bouillon de légumes
Topping : 1 branche de persil

> Ouvrez le potimarron, retirez les graines, coupez-le en cubes. Pelez et émincez l'oignon. Prélevez le zeste de l'orange, pressez le fruit. Prélevez et râpez le zeste de l'orange. Pressez le fruit.
> Faites chauffer l'huile d'olive dans une cocotte, laissez revenir l'oignon pendant 2 minutes, ajoutez le potimarron et le zeste de l'orange, salez, poivrez.
> Mélangez, poursuivez la cuisson pendant 5 minutes. Couvrez de bouillon, portez à ébullition, baissez le feu, couvrez et prolongez la cuisson de 25 minutes.
> Mixez l'ensemble avec le jus d'orange. Vérifiez l'assaisonnement, versez dans des bols à potage. Parsemez de feuilles de persil finement ciselées.

Pour changer

Préparez ce velouté avec du potiron, c'est tout aussi bon.

VELOUTÉ DE POTIRON AU PIMENT

POUR 4 PERSONNES
PRÉPARATION : 15 MIN
CUISSON : 20 MIN

Ingrédients : 400 g de potiron, 75 cl de bouillon de légumes, 2 cl d'huile d'olive, 1 yaourt velouté nature, 4 gouttes de Tabasco®
Topping : 12 brins de ciboulette

> Pelez le potiron, coupez la chair en cubes, mettez-les dans une grande cocotte avec le bouillon de légumes.
> Portez à ébullition, couvrez et laissez cuire pendant 20 minutes.
> Mixez le potiron avec le bouillon jusqu'à obtenir la consistance désirée. Ajoutez l'huile, le yaourt, le Tabasco®, mélangez, vérifiez l'assaisonnement.
> Versez dans quatre bols et décorez de brins de ciboulette.

Pour changer

Ajoutez des noix de saint-jacques poêlées pendant 3 minutes.

VELOUTÉ DE POTIRON ET PATATES DOUCES AU CURRY

POUR 4 PERSONNES
PRÉPARATION : 15 MIN
CUISSON : 30 MIN

Ingrédients : 500 g de potiron, 2 patates douces (400 g environ), 2 oignons, 1 litre de bouillon de volaille dégraissé, ½ c. à café de curry
Topping : un filet d'huile d'olive, 4 branches de coriandre

> Pelez le potiron et les patates douces, coupez-les en cubes. Pelez les oignons, émincez-les.
> Mettez les légumes dans une grande cocotte, arrosez-les de bouillon. Portez à ébullition, baissez le feu, couvrez et laissez cuire pendant 30 minutes.
> Mixez les légumes avec le bouillon et le curry. Vérifiez l'assaisonnement.
> Versez dans quatre bols à potage, arrosez d'un filet d'huile d'olive, parsemez de feuilles de coriandre.

VELOUTÉ DE POTIRON, LÉGUMES ET ÉPICES DOUCES

POUR 4 PERSONNES
PRÉPARATION : 15 MIN
CUISSON : 35 MIN

Ingrédients : 1 c. à café de cannelle moulue, ½ c. à café de gingembre moulu, 1 grosse pincée de noix de muscade râpée, 1 clou de girofle, 2 carottes, 1 oignon, 500 g de potiron, 1 branche de céleri, 1 c. à soupe d'huile d'olive, 75 cl de bouillon de volaille dégraissé
Topping : 2 c. à soupe de noisettes grillées

> Mélangez les épices dans un petit bol. Pelez les carottes et l'oignon, émincez-les. Épluchez le potiron, coupez-le en cubes. Tronçonnez la branche de céleri.
> Faites chauffer l'huile dans une cocotte, mettez les légumes, faites-les revenir en mélangeant pendant 5 minutes, saupoudrez d'épices.
> Mouillez avec le bouillon, portez à ébullition, baissez le feu, couvrez et laissez cuire pendant 30 minutes. Mixez les légumes avec le bouillon, vérifiez l'assaisonnement.
> Répartissez dans des bols à potage. Parsemez de noisettes grillées.

VARIATIONS AUTOUR DE LA TOMATE

CRÈME DE TOMATES À L'AIL

POUR 4 PERSONNES
PRÉPARATION : 15 MIN
CUISSON : 40 MIN

Ingrédients : 1 oignon, 8 gousses d'ail, 800 g de tomates bien mûres, 2 c. à soupe d'huile d'olive, 1 feuille de laurier, 2 branches de thym, 1 litre de bouillon de légumes, sel, poivre
Topping : quelques feuilles de persil plat

> Pelez et hachez l'oignon et les gousses d'ail. Lavez les tomates, coupez-les en morceaux.
> Faites chauffer deux cuillerées à soupe d'huile d'olive dans une cocotte, laissez fondre l'ail et l'oignon à feu doux, puis ajoutez les morceaux de tomates, le laurier, le thym, un peu de sel et de poivre, mélangez.
> Arrosez avec le bouillon de légumes, portez à ébullition, baissez le feu, couvrez et laissez chauffer pendant 30 minutes. Retirez le laurier et le thym.
> Mixez les légumes en ajoutant le bouillon de cuisson selon la consistance désirée. Vérifiez l'assaisonnement. Versez dans quatre bols, décorez de feuilles de persil ciselées.

Pour changer

Ajoutez des lamelles d'encornets grillées à la plancha.

Mon conseil

Si vous craignez que la soupe soit un peu trop acide, ajoutez en début de cuisson deux pincées de bicarbonate alimentaire, ou encore une cuillerée à café de sucre en poudre.

CRÈME DE TOMATES AUX ÉPICES

POUR 4 PERSONNES
PRÉPARATION : 15 MIN
CUISSON : 40 MIN

Ingrédients : 2 échalotes, 2 gousses d'ail, 1 branche de céleri, 1 kg de tomates, 1 piment oiseau, 1 c. à soupe de graines de coriandre, 1 c. à soupe de poivre 5 baies, 1 c. à soupe de graines de fenouil, 2 c . à soupe d'huile d'olive, noix de muscade, sel
Topping : 2 branches de basilic

> Pelez les échalotes et les gousses d'ail, hachez-les ainsi que la branche de céleri. Pelez les tomates, hachez-les au couteau.
> Enfermez le piment, la coriandre, le poivre, le fenouil dans une boule à thé ou une mousseline.
> Faites chauffer l'huile dans une grande cocotte, laissez fondre l'ail, l'échalote et le céleri pendant 3 minutes en mélangeant, ajoutez les tomates, les épices, arrosez de 50 cl d'eau chaude. Salez et ajoutez un peu de noix de muscade râpée.
> Portez à ébullition, puis baissez le feu, couvrez et laissez cuire pendant 30 minutes. Retirez les épices, mixez les légumes avec le bouillon jusqu'à obtenir la consistance désirée.
> Versez dans quatre bols à potage, parsemez de feuilles de basilic ciselées. Servez bien chaud.

Mon conseil

En été, servez cette soupe glacée.

SOUPE DE TOMATES ET COURGETTES AU ROMARIN

POUR 4 PERSONNES
PRÉPARATION : 15 MIN
CUISSON : 40 MIN

Ingrédients : 5 courgettes, 5 tomates, 1 oignon, 1 c. à soupe d'huile d'olive, 1 litre de bouillon de légumes
Topping : 2 gousses d'ail, 2 brins de romarin

> Lavez les courgettes, essuyez-les, coupez-les en dés. Épépinez les tomates, détaillez la chair en dés de même taille. Épluchez et hachez l'oignon.
> Faites chauffer l'huile dans une cocotte, laissez fondre l'oignon haché pendant 3 minutes, ajoutez les courgettes et les tomates, arrosez de bouillon et faites chauffer pendant 30 minutes à feu doux. Vérifiez l'assaisonnement.
> Répartissez la soupe dans quatre assiettes creuses. Pelez les gousses d'ail. Effeuillez le romarin. Hachez ensemble le romarin et l'ail, parsemez-en les assiettes.

Pour changer

Ajoutez un peu de piment d'Espelette dans la soupe avant de servir.

VELOUTÉ DE TOMATES AU GINGEMBRE

POUR 4 PERSONNES
PRÉPARATION : 15 MIN
CUISSON : 20 MIN

Ingrédients : 1 gousse d'ail, 1 oignon, 3 cm de gingembre, 1 kg de tomates, 1 c. à soupe d'huile d'olive, 1 pincée de sucre, 1 c. à soupe de vinaigre de Xérès, sel, poivre

> Pelez l'ail, l'oignon et le gingembre, hachez-les.
> Pelez et épépinez les tomates, coupez la pulpe en dés.
> Faites revenir le hachis d'ail, oignon, gingembre avec l'huile dans une cocotte pendant 3 minutes. Ajoutez le sucre et le vinaigre, mélangez bien, puis ajoutez les tomates, du sel et du poivre.
> Mélangez, couvrez, laissez cuire à feu très doux pendant 15 minutes. Mixez les légumes avec le jus de cuisson, vérifiez l'assaisonnement.
> Versez dans quatre tasses. Servez chaud ou froid en été.

VELOUTÉ DE TOMATES ET POIVRONS AU BASILIC

POUR 4 PERSONNES
PRÉPARATION : 15 MIN
CUISSON : 35 MIN

Ingrédients : 2 poivrons verts, 2 gousses d'ail, 800 g de tomates bien mûres, 1 c. à soupe d'huile d'olive, 1 bouquet garni, sel, poivre
Topping : 4 branches de basilic

> Pelez les poivrons avec un épluche-légumes, retirez les graines et coupez-les en morceaux. Pelez les gousses d'ail. Pelez les tomates après les avoir plongées pendant quelques secondes dans de l'eau bouillante. Épépinez-les, détaillez-les en morceaux.

> Faites chauffer l'huile dans une grande casserole, faites revenir les légumes en remuant pendant 3 minutes, puis arrosez d'un litre d'eau, salez, poivrez et ajoutez le bouquet garni.

> Portez à ébullition, puis baissez le feu, couvrez et laissez cuire pendant 30 minutes. Retirez le bouquet garni, mixez pour obtenir un velouté. Rectifiez l'assaisonnement.

> Répartissez dans quatre tasses, parsemez de feuilles de basilic finement ciselées. Servez chaud ou glacé en été.

Pour changer

Remplacez les poivrons verts par des poivrons jaunes, ou rouges si vous préférez un velouté plus doux.

VELOUTÉ DE TOMATES ET ROQUETTE

POUR 4 PERSONNES
PRÉPARATION : 15 MIN
CUISSON : 25 MIN

Ingrédients : 2 échalotes, 1 kg de tomates, 1 sachet de roquette, 2 c. à soupe d'huile d'olive, 1 pincée de sucre, 1 litre de bouillon de volaille dégraissé
Topping : quelques feuilles de roquette

> Pelez et hachez les échalotes. Lavez les tomates, ouvrez-les, retirez les pépins, hachez-les grossièrement. Rincez et essorez la roquette, réservez quelques feuilles pour le décor.
> Faites revenir les échalotes et la roquette avec l'huile d'olive dans une grande casserole pendant 5 minutes.
> Ajoutez les tomates, le sucre en poudre, mouillez avec le bouillon, portez à ébullition puis baissez le feu, couvrez et laissez cuire pendant une vingtaine de minutes.
> Mixez l'ensemble, vérifiez l'assaisonnement. Versez dans des bols à potage, garnissez de feuilles de roquette réservées.

VELOUTÉ DE TOMATES EXPRESS AUX PIGNONS ET BASILIC

POUR 4 PERSONNES
PRÉPARATION : 5 MIN
CUISSON : 10 MIN

Ingrédients : 4 gousses d'ail, 2 c. à soupe d'huile d'olive, 1 grande boîte de tomates pelées au naturel
Topping : 2 c. à soupe de pignons, 4 branches de basilic, sel, poivre

> Pelez les gousses d'ail, hachez-les. Faites chauffer l'huile dans une cocotte, faites revenir l'ail pendant 2 minutes, ajoutez les tomates et leur jus, salez, poivrez.
> Laissez chauffer pendant 5 minutes, mixez.
> Faites griller les pignons à sec dans une poêle, ciselez finement les feuilles de basilic.
> Versez la soupe dans quatre bols à potage, parsemez de basilic et de pignons grillés.

VELOUTÉ HOT DE TOMATES

POUR 4 PERSONNES
PRÉPARATION : 15 MIN
CUISSON : 35 MIN

Ingrédients : 3 gousses d'ail, 1 oignon, 3 courgettes, 1 c. à soupe d'huile d'olive, 2 grandes boîtes de tomates pelées au naturel (800 g environ), 75 cl de bouillon de légumes, 1 piment oiseau séché
Topping : un peu de sel de céleri

> Pelez l'ail et l'oignon, hachez-les. Lavez et essuyez les courgettes, coupez-les en dés.
> Faites chauffer l'huile dans une cocotte, laissez fondre l'oignon pendant 3 minutes, puis ajoutez l'ail, les courgettes et les tomates.
> Arrosez de bouillon, émiettez le piment. Portez à ébullition, baissez le feu et laissez cuire pendant 30 minutes. Mixez, vérifiez l'assaisonnement.
> Versez dans quatre bols à potage. Saupoudrez d'un peu de sel de céleri au moment de servir.

Mon conseil

Soyez prudent avec le piment. Testez d'abord la recette avec un tiers de piment, ajoutez-en un peu après cuisson à votre convenance.

TOUT LÉGUME

CRÈME D'OIGNONS À LA MUSCADE

POUR 4 PERSONNES
PRÉPARATION : 15 MIN
CUISSON : 35 MIN

Ingrédients : 300 g d'oignons doux, 1 pomme de terre (100 g), 2 c. à soupe d'huile, 1 litre de bouillon de volaille dégraissé, 1 bouquet garni, 1 c. à café de noix de muscade râpée
Topping : 2 branches de persil plat

> Pelez et émincez finement les oignons. Épluchez la pomme de terre, coupez-la en dés.
> Faites chauffer l'huile dans une grande cocotte, laissez fondre les oignons en mélangeant pendant 5 minutes, ajoutez les dés de pomme de terre, le bouillon, le bouquet garni et la muscade.
> Portez à ébullition, baissez le feu, couvrez et laissez cuire pendant 30 minutes. Retirez le bouquet garni, mixez les légumes avec le bouillon. Vérifiez l'assaisonnement.
> Versez dans quatre bols à potage. Parsemez de feuilles de persil ciselées.

MINESTRONE AU RIZ COMPLET

POUR 4 PERSONNES
PRÉPARATION : 15 MIN
CUISSON : 25 MIN

Ingrédients : 4 carottes (300 g environ), 1 tête de brocoli (300 g environ), 75 cl de bouillon de légumes, 100 g de petits pois écossés, 200 g de riz complet cuit

> Pelez les carottes, coupez-les en rondelles. Séparez la tête de brocoli en petits bouquets.
> Mettez les carottes dans une cocotte, arrosez de bouillon de légumes, portez à ébullition, baissez le feu, couvrez et laissez cuire pendant 10 minutes.
> Ajoutez les petits pois et les fleurettes de brocoli, poursuivez la cuisson pendant 10 minutes. Ajoutez le riz complet, réchauffez-le pendant 1 minute.
> Vérifiez l'assaisonnement, répartissez dans quatre assiettes creuses.

SOUPE AUX LÉGUMES AU SAFRAN ET AU PAPRIKA, RIZ COMPLET

POUR 4 PERSONNES
PRÉPARATION : 40 MIN
CUISSON : 40 MIN

Ingrédients : 2 carottes (200 g), 2 navets, 1 tranche de potimarron (100 g), 2 poireaux, 1 courgette, 1 gousse d'ail, 1 dose de safran, 1 c. à café de paprika, 200 g de riz complet, sel, poivre

> Épluchez les carottes, les navets, le potimarron, coupez-les en dés. Nettoyez les poireaux, émincez-les. Lavez et essuyez la courgette, coupez-la en dés. Pelez et émincez la gousse d'ail.
> Mettez les légumes dans une cocotte, arrosez d'un litre et demi d'eau, ajoutez le safran et le paprika ainsi que le riz.
> Portez à ébullition, baissez le feu, laissez cuire pendant 40 minutes. Répartissez dans des assiettes creuses.

SOUPE AUX SEPT LÉGUMES

POUR 4 PERSONNES
PRÉPARATION : 20 MIN
CUISSON : 30 MIN

Ingrédients : 1 poireau, 1 carotte, 1 navet, 1 pomme de terre, 1 oignon, 1 courgette, 1 grosse tomate, 1 branche de céleri, 75 cl de bouillon de légumes
Topping : 4 branches de persil plat, quelques feuilles de la branche de céleri

> Nettoyez le poireau, émincez-le. Pelez la carotte, le navet, la pomme de terre, l'oignon, coupez-les en julienne. Lavez et essuyez la courgette, coupez-la en dés également. Pelez et épépinez la tomate, détaillez la pulpe en dés. Tronçonnez finement la branche de céleri.
> Réunissez tous les légumes dans une grande cocotte, arrosez de bouillon, portez à ébullition, baissez le feu et laissez cuire pendant 30 minutes. Vérifiez l'assaisonnement.
> Répartissez la soupe dans quatre grands bols. Hachez finement les feuilles de persil et de céleri, disposez-les au centre des bols.

SOUPE AUX SIX LÉGUMES VERTS, CRÈME DE BASILIC

POUR 4 PERSONNES
PRÉPARATION : 20 MIN
CUISSON : 25 MIN

Ingrédients : 2 petits poireaux, 100 g de haricots verts extra-fins (frais ou surgelés), 1 poignée d'épinards frais, 1 oignon, 1 courgette, 1 tête de brocoli, 130 g de petits pois écossés (frais ou surgelés)
Pour la crème de basilic : 4 gousses d'ail, 4 branches de basilic, 4 c. à soupe d'huile d'olive, sel, poivre

> Nettoyez les poireaux, effilez les haricots verts, lavez et équeutez les feuilles d'épinards, pelez et hachez l'oignon, lavez et essuyez la courgette. Coupez ces légumes en petits dés, séparez la tête de brocoli en petits bouquets.
> Mettez tous les légumes, ainsi que les petits pois, dans une grande cocotte, recouvrez d'eau, salez, poivrez. Portez à ébullition, baissez le feu et laissez cuire pendant 25 minutes. Vérifiez l'assaisonnement.
> Préparez la crème de basilic : pelez les gousses d'ail, effeuillez le basilic, mixez-les ensemble avec un peu de sel, de poivre et l'huile d'olive.
> Répartissez la soupe dans quatre grands bols, déposez au centre une cuillerée de crème de basilic. Servez aussitôt.

Mon conseil

Vous pouvez aussi mixer la soupe si vous préférez une texture veloutée.

SOUPE BONNE FEMME

POUR 4 PERSONNES
PRÉPARATION : 20 MIN
CUISSON : 45 MIN

Ingrédients : 2 gros poireaux, 300 g de carottes, 300 g de navets, 3 branches de céleri, 2 oignons, 1 gousse d'ail, sel, poivre
Topping : un filet d'huile d'olive

> Épluchez les légumes, coupez-les en dés, mettez-les dans une grande cocotte, arrosez-les d'eau, salez modérément.
> Portez à ébullition, puis baissez le feu, couvrez et laissez cuire pendant 45 minutes.
> Mixez la soupe, vérifiez l'assaisonnement, versez-la dans des grands bols, et arrosez d'un filet d'huile d'olive.

SOUPE CAROTTES POIREAUX POMMES DE TERRE

POUR 4 PERSONNES
PRÉPARATION : 15 MIN
CUISSON : 30 MIN

Ingrédients : 250 g de carottes, 3 pommes de terre (300 g environ), 2 poireaux, 75 cl de bouillon de volaille dégraissé, 1 yaourt velouté nature, sel, poivre

> Pelez les carottes et les pommes de terre, coupez-les en morceaux. Nettoyez les poireaux, émincez-les.
> Mettez les légumes dans une cocotte, mouillez avec le bouillon de volaille, portez à ébullition, baissez le feu, couvrez et laissez cuire pendant 30 minutes.
> Mixez les légumes avec le bouillon jusqu'à la consistance désirée, vérifiez l'assaisonnement, ajoutez le yaourt, mélangez.
> Versez dans des bols à potage. Servez bien chaud.

SOUPE DE FÈVES ET LÉGUMES À LA MENTHE

POUR 4 PERSONNES
PRÉPARATION : 15 MIN
CUISSON : 15 MIN

Ingrédients : 200 g de fèves écossées, 2 carottes, 1 branche de céleri, 2 poireaux, 2 tomates, 1 litre de bouillon de légumes
Topping : 2 c. à soupe d'huile d'olive, 2 branches de menthe

> Plongez les fèves dans une casserole d'eau bouillante pendant 2 minutes, égouttez-les, retirez la peau qui les entoure.
> Pelez les carottes, émincez-les. Tronçonnez finement la branche de céleri. Nettoyez les poireaux, émincez-les. Pelez et épépinez les tomates, coupez-les en dés.
> Réunissez tous les légumes dans une grande cocotte, arrosez de bouillon de légumes et portez à ébullition. Baissez le feu, laissez cuire pendant 15 minutes. Vérifiez l'assaisonnement.
> Répartissez la soupe dans quatre bols à potage, arrosez d'un filet d'huile d'olive, parsemez de feuilles de menthe finement ciselées.

SOUPES DE LÉGUMES AU BLÉ

POUR 4 PERSONNES
PRÉPARATION : 15 MIN
CUISSON : 30 MIN

Ingrédients : 1 carotte, 1 courgette, 1 poireau, 1 oignon, 1 c. à soupe d'huile d'olive, 150 g de blé, 75 cl de bouillon de légumes
Topping : 3 branches de persil plat

> Pelez la carotte, détaillez-la en petits cubes. Lavez et essuyez la courgette, coupez-la en cubes de même taille. Nettoyez le poireau, émincez-le. Pelez l'oignon, émincez-le.
> Faites chauffer l'huile dans une cocotte, laissez fondre l'oignon pendant 3 minutes, puis ajoutez les cubes de légumes, le blé et arrosez de bouillon.
> Faites cuire pendant 25 minutes. Vérifiez l'assaisonnement, répartissez dans quatre assiettes creuses, parsemez de feuilles de persil ciselées.

SOUPE DE LÉGUMES AU TOFU FUMÉ

POUR 4 PERSONNES
PRÉPARATION : 20 MIN
CUISSON : 20 MIN

Ingrédients : 2 carottes, 2 pommes de terre, 2 navets, 2 poireaux, sel, poivre
Topping : 200 g de tofu fumé, 2 c. à soupe d'huile d'olive

> Pelez carottes, pommes de terre et navets, détaillez-les en petits dés. Nettoyez les poireaux, coupez-les en fines rondelles.
> Réunissez les légumes dans une grande cocotte, recouvrez-les d'eau, salez, poivrez, portez à ébullition, baissez le feu, couvrez et laissez cuire pendant 20 minutes. Découpez le tofu en petits dés.
> Répartissez la soupe dans quatre bols à potage, arrosez d'un filet d'huile d'olive, parsemez de dés de tofu.

SOUPE DE LÉGUMES ET HARICOTS ROUGES AUX HERBES ET AU CITRON

POUR 4 PERSONNES
PRÉPARATION : 25 MIN
CUISSON : 35 MIN

Ingrédients : 1 carotte (130 g environ), 1 navet (100 g environ), 100 g de potimarron, 1 tomate (100 g environ), 1 oignon, 1 branche de céleri, 50 g de blettes, 1 petit blanc de poireau, 1 c. à soupe d'huile d'olive, ½ boîte de haricots rouges au naturel, 1 citron vert bio
Topping : 2 branches d'estragon, 2 branches de persil plat, 2 branches de coriandre, zeste de citron vert

> Pelez et coupez en dés la carotte, le navet, le potimarron, la tomate et l'oignon. Tronçonnez la branche de céleri en petits morceaux. Ciselez les feuilles de blettes. Nettoyez et émincez le blanc de poireau.
> Faites chauffer l'huile dans une cocotte, mettez les légumes, mélangez pendant 3 minutes, salez, poivrez, recouvrez d'eau.
> Portez à ébullition, baissez le feu et laissez cuire pendant 30 minutes. Ajoutez les haricots rouges égouttés. Poursuivez la cuisson pendant 5 minutes.
> Ciselez finement les herbes, râpez le zeste du citron vert, mélangez-les. Pressez le fruit.
> Versez le jus de citron dans la cocotte. Répartissez la soupe dans quatre assiettes creuses, parsemez du mélange d'herbes et de citron.

SOUPE DE LÉGUMES NOUVEAUX

POUR 4 PERSONNES
PRÉPARATION : 15 MIN
CUISSON : 20 MIN

Ingrédients : 100 g de carottes nouvelles, 1 botte de navets nouveaux, 1 botte d'oignons nouveaux, 1 laitue, 3 échalotes, 3 gousses d'ail, 1 c. à soupe d'huile d'olive, 100 g de petits pois écossés, 100 g de fèves pelées, 1 litre de bouillon de légumes
Topping : un filet d'huile d'olive, 12 brins de ciboulette

> Brossez les carottes et les navets, lavez-les, essuyez-les, coupez-les en cubes. Pelez les petits oignons en gardant un morceau de la tige. Ciselez la laitue. Pelez et émincez les échalotes et l'ail.
> Faites chauffer une cuillerée à soupe d'huile dans une cocotte, mettez l'ail et les échalotes, laissez-les fondre pendant 3 minutes, puis ajoutez les légumes ainsi que les petits pois et les fèves, arrosez de bouillon et laissez cuire pendant 15 minutes. Vérifiez l'assaisonnement.
> Répartissez les légumes et le bouillon de cuisson dans quatre assiettes creuses, arrosez d'un filet d'huile d'olive, décorez de brins de ciboulette.

Pour changer

Ajoutez quelques petites pommes de terre ratte ou encore quelques asperges vertes.

VELOUTÉ À L'AIL

POUR 4 PERSONNES
PRÉPARATION : 20 MIN
CUISSON : 15 MIN

Ingrédients : 5 têtes d'ail, 75 cl de bouillon de volaille dégraissé, 2 yaourts veloutés nature

Topping : 4 branches de persil, croûtons de pain complet frottés à la tomate

> Séparez les gousses des têtes d'ail, pelez-les en prenant soin de retirer le germe.

> Mettez-les dans une grande casserole, arrosez-les de bouillon, portez à ébullition, baissez le feu et laissez cuire pendant 10 minutes. Mixez, vérifiez l'assaisonnement.

> Ajoutez les yaourts, mélangez et versez dans des bols à potage. Ciselez les feuilles de persil, disposez-les sur les bols, garnissez de croûtons à la tomate.

VELOUTÉ AUX FANES DE PRINTEMPS

POUR 4 PERSONNES
PRÉPARATION : 10 MIN
CUISSON : 35 MIN

Ingrédients : les fanes d'une botte de radis et d'une botte de carottes nouvelles, 1 pomme de terre (100 g), 2 oignons nouveaux, 1 c. à soupe d'huile d'olive, sel, poivre
Topping : quelques radis roses, 1 branche de persil plat

> Lavez, épongez les fanes, ciselez-les. Pelez la pomme de terre, coupez-la en petits dés. Épluchez les oignons en conservant un peu de leur tige, hachez-les.
> Faites revenir l'oignon dans une cocotte avec l'huile, mélangez pendant 3 minutes, ajoutez les fanes, les dés de pomme de terre, mouillez avec 75 cl d'eau, salez, poivrez.
> Portez à ébullition, baissez le feu, couvrez et laissez cuire pendant 30 minutes. Mixez les fanes avec le bouillon, vérifiez l'assaisonnement.
> Coupez les radis roses en fines rondelles. Répartissez le velouté dans quatre bols, décorez de rondelles de radis et de feuilles de persil plat ciselées.

VELOUTÉ DE LÉGUMES VERTS À L'AIL

POUR 4 PERSONNES
PRÉPARATION : 20 MIN
CUISSON : 25 MIN

Ingrédients : 1 courgette, 200 g de roquette, 1 laitue, 200 g de pousses d'épinards, 6 gousses d'ail, 1 oignon, 2 c. à soupe d'huile d'olive, 1 bouillon de légumes

Topping : quelques feuilles de roquette réservées

> Lavez et essuyez la courgette, coupez-la en rondelles. Faites-la cuire à la vapeur pendant 5 minutes. Épluchez, lavez et essorez la roquette et la laitue, ciselez les feuilles. Lavez, épongez et équeutez les feuilles d'épinards, coupez-les en lanières. Pelez les gousses d'ail et l'oignon, émincez-les.

> Faites chauffer l'huile dans une cocotte, mettez l'ail et l'oignon, laissez fondre pendant 5 minutes, puis ajoutez les salades, la courgette cuite et les épinards, salez, poivrez.

> Arrosez de bouillon de légumes et laissez cuire pendant 15 minutes. Mixez l'ensemble, vérifiez l'assaisonnement.

> Versez dans quatre bols à potage. Décorez de feuilles de roquette, servez chaud ou froid.

Pour changer

Ajoutez des coques ou des moules que vous ferez ouvrir pendant 5 à 10 minutes dans une cocotte avec une cuillerée à soupe d'huile d'olive. Ajoutez aussi le jus de cuisson des coquillages dans le velouté.

VELOUTÉ DE NAVETS AUX ÉPICES ET AU MIEL

POUR 4 PERSONNES
PRÉPARATION : 15 MIN
CUISSON : 35 MIN

Ingrédients : 800 g de navets, 2 gousses d'ail, 1 oignon, 2 c. à soupe d'huile d'olive, 1 c. à café de graines de cumin, 1 c. à café de coriandre en poudre, ½ c. à café de paprika, 75 cl de bouillon de volaille dégraissé, 1 c. à soupe de miel

Topping : quelques feuilles de coriandre, quelques noisettes concassées

> Épluchez les navets, coupez-les en dés. Pelez et émincez l'ail et l'oignon, émincez-les.

> Faites chauffer l'huile dans une cocotte, faites revenir l'ail et l'oignon, mélangez pendant 3 minutes, ajoutez les navets, les épices, arrosez de bouillon et portez à ébullition. Baissez le feu et laissez cuire pendant 30 minutes.

> Mixez l'ensemble, ajoutez le miel, vérifiez l'assaisonnement.

> Versez dans des bols à potage. Parsemez de feuilles de coriandre ciselées et de noisettes concassées.

VELOUTÉ DE PANAIS ET NAVETS AUX NOISETTES

POUR 4 PERSONNES
PRÉPARATION : 15 MIN
CUISSON : 25 MIN

Ingrédients : 1 navet, 500 g de panais, 75 cl de bouillon de légumes, 1 yaourt velouté nature
Topping : 4 c. à soupe de noisettes grillées concassées

> Pelez le navet et les panais, coupez-les en cubes. Mettez-les dans une cocotte, couvrez-les de bouillon, portez à ébullition, baissez le feu, couvrez et laissez cuire pendant 25 minutes.
> Mixez les légumes avec le bouillon jusqu'à la consistance désirée, vérifiez l'assaisonnement, ajoutez le yaourt, mélangez.
> Versez dans quatre bols à potage, parsemez de noisettes grillées concassées.

VELOUTÉ DE TOPINAMBOURS À L'HUILE DE TRUFFE

POUR 4 PERSONNES
PRÉPARATION : 15 MIN
CUISSON : 30 MIN

Ingrédients : 800 g de topinambours, 1 pomme de terre (100 g), 3 échalotes, 2 gousses d'ail, 2 c. à soupe d'huile neutre, 75 cl de bouillon de légumes, 1 yaourt velouté nature, sel, poivre
Topping : huile de truffe, 12 brins de ciboulette

> Pelez les topinambours, la pomme de terre, les échalotes et les gousses d'ail. Émincez-les.
> Faites chauffer l'huile dans une cocotte, faites fondre les échalotes et l'ail en mélangeant pendant 5 minutes, puis ajoutez la pomme de terre et le topinambour, arrosez de bouillon.
> Portez à ébullition, baissez le feu, couvrez et laissez cuire pendant 20 minutes. Mixez les légumes avec le bouillon jusqu'à obtenir la consistance désirée, vérifiez l'assaisonnement.
> Ajoutez le yaourt, mélangez bien et versez dans quatre bols à potage. Ajoutez un peu d'huile de truffe sur chaque bol et décorez de brins de ciboulette. Servez chaud.

Pour changer

Remplacez les topinambours par des poireaux.

LA DOUCEUR

CRÈME DE POIRES À LA VANILLE ET À LA ROSE

POUR 4 PERSONNES
PRÉPARATION : 15 MIN
RÉFRIGÉRATION : 2 H

Ingrédients : 1 citron, 6 poires bien mûres, 1 c. à soupe d'eau de rose
Topping : 1 gousse de vanille

> Pressez le citron. Épluchez cinq poires, coupez-les en morceaux, mixez-les avec l'eau de rose et le jus de citron.
> Versez dans quatre coupelles. Pelez la poire restante, coupez la chair en petits dés, déposez-les au centre des coupelles.
> Ouvrez la gousse de vanille, retirez les graines avec la pointe d'un couteau, déposez-les délicatement sur les dés de poire. Servez bien frais.

Pour changer

Remplacez l'eau de rose par de l'arôme de violette.

MINESTRONE DE FRUITS

POUR 4 PERSONNES
PRÉPARATION : 10 MIN
CUISSON : 5 MIN
RÉFRIGÉRATION : 2 H

Ingrédients : 1 c. à soupe de miel, 1 gousse de vanille, 4 feuilles de menthe, 1 kiwi, 1 mangue, 100 g de fraises, 100 g de framboises

> Versez 50 cl d'eau dans une casserole, ajoutez le miel, la gousse de vanille coupée en deux dans sa longueur, portez à ébullition, laissez chauffer pendant 5 minutes. Hachez les feuilles de menthe, ajoutez-les, laissez refroidir.
> Pelez le kiwi, la mangue, coupez-les en cubes.
> Lavez et équeutez les fraises, mixez-les avec les framboises, ajoutez-les au sirop. Versez ce sirop dans quatre verrines, ajoutez les morceaux de fruits. Placez au réfrigérateur, servez très frais.

Pour changer

Prenez du melon, des pêches, des nectarines selon la saison.

SOUPE D'ANANAS AU SIROP D'ÉRABLE ET À LA MENTHE

POUR 4 PERSONNES
PRÉPARATION : 5 MIN
RÉFRIGÉRATION : 2 H

Ingrédients : 1 citron vert, 600 g de morceaux d'ananas frais en barquette, 1 c. à soupe de sirop d'érable
Topping : poivre du moulin, 2 branches de menthe

> Pressez le citron, mixez l'ananas avec le jus obtenu et le sirop d'érable.
> Placez au frais en attendant de servir.
> Versez la soupe dans des coupelles, donnez un tour de moulin à poivre et décorez de feuilles de menthe finement ciselées. Servez très frais.

POUR VOS SOUPES DE FRUITS

Le sirop d'érable, produit propre à l'Amérique du Nord, obtenu à partir de la sève issue de certaines variétés d'érable, est une alternative au miel si vous n'en aimez pas la saveur. C'est un produit naturel qui ne contient ni colorant ni additifs. Doux et naturel, il contient plus de minéraux que la plupart des autres produits sucrants, et comporte un taux de polyphénols comparable à celui des fruits et légumes. C'est un excellent antioxydant.

SOUPE DE FIGUES À L'ORANGE, VANILLE ET FENOUIL

POUR 4 PERSONNES
PRÉPARATION : 10 MIN
CUISSON : 10 MIN

Ingrédients : 3 oranges, 1 c. à café de graines de fenouil, 1 bâton de vanille, 6 figues violettes

> Pressez les oranges, versez le jus dans une casserole, ajoutez les graines de fenouil écrasées.
> Ouvrez le bâton de vanille, prélevez les graines avec la pointe d'un couteau, déposez-les dans la casserole.
> Faites chauffer pendant 10 minutes, retirez du feu et laissez infuser.
> Lavez et épongez délicatement les figues, coupez-les en tranches, répartissez-les dans quatre coupelles. Filtrez le jus d'orange, versez-le sur les fruits. Servez tiède ou froid.

Mon conseil

Ajoutez deux cuillerées à soupe de miel au jus d'orange avant cuisson si vous préférez un goût plus sucré.

SOUPE DE FRAISES À L'ORANGE ET À LA MENTHE

POUR 4 PERSONNES

PRÉPARATION : 15 MIN

RÉFRIGÉRATION : 2 H

Ingrédients : 3 oranges bio, 1 c. à soupe d'eau de fleur d'oranger, 600 g de fraises

Topping : zestes d'orange, 6 feuilles de menthe

> Prélevez le zeste des oranges, râpez-le très finement. Pressez les fruits.

> Versez le jus d'orange dans un saladier, ajoutez l'eau de fleur d'oranger, mélangez.

> Passez les fraises rapidement sous l'eau sans les laisser tremper, équeutez-les, coupez-les en deux ou quatre selon leur taille, mettez-les dans le jus d'orange.

> Répartissez dans quatre bols, parsemez de zestes d'orange et de menthe finement ciselée juste au moment de servir.

Mon conseil

Ajoutez deux cuillerées à soupe de miel liquide si ce dessert n'est pas assez sucré à votre goût.

SOUPE DE FRAISES ET DE FRAMBOISES AU BASILIC

POUR 4 PERSONNES
PRÉPARATION : 10 MIN
RÉFRIGÉRATION : 2 H

Ingrédients : 200 g de fraises, 200 g de framboises, 2 c. à soupe de sirop d'agave, 2 branches de basilic
Topping : 100 g framboises, 4 belles feuilles de basilic

> Passez les fraises rapidement sous l'eau, épongez-les délicatement, équeutez-les.
> Mixez les fraises et les framboises avec le sirop d'agave et les feuilles de basilic. Mettez au frais en attendant de servir.
> Répartissez la soupe dans quatre verres, décorez de framboises et d'une feuille de basilic.

Pour changer

Préparez cette soupe avec un mélange de fruits rouges surgelés.

SOUPE DE KIWIS À LA VANILLE

POUR 4 PERSONNES
PRÉPARATION : 10 MIN
RÉFRIGÉRATION : 2 H

Ingrédients : 1 citron, 6 kiwis, 3 gouttes d'essence de vanille
Topping : 4 c. à café de pistaches nature

> Pressez le citron, pelez les kiwis, mixez-les avec le jus de citron et l'essence de vanille.
> Versez dans des verrines, garnissez de pistaches concassées. Placez au frais en attendant de servir.

Mon conseil

Ajoutez un peu de miel ou de sirop d'agave si vous préférez un goût plus sucré.

SOUPE DE KIWIS ET DE FRAMBOISES À LA MENTHE

POUR 4 PERSONNES
PRÉPARATION : 10 MIN
CUISSON : 5 MIN

Ingrédients : 6 kiwis, 1 citron, 2 c. à soupe de miel
Topping : 200 g de framboises, 4 branches de menthe

> Pelez les kiwis, mixez-les.
> Pressez le citron, versez le jus dans une casserole avec 10 cl d'eau et le miel. Portez à ébullition, laissez refroidir puis incorporez la purée de kiwis.
> Répartissez la purée de kiwis dans quatre verrines, déposez sur chacune des framboises, garnissez de feuilles de menthe ciselées.

SOUPE DE MANGUE À LA FRAMBOISE

POUR 4 PERSONNES
PRÉPARATION : 10 MIN
RÉFRIGÉRATION : 2 H

Ingrédients : 3 mangues, 400 g de framboises
Topping : framboises réservées, 3 branches de menthe fraîche

> Pelez les mangues, retirez le noyau, prélevez la pulpe, mixez-la avec les trois quarts des framboises.
> Versez dans des coupelles, décorez de framboises réservées et de feuilles de menthe finement ciselées. Servez très frais.

SOUPE DE MANGUE, KIWIS ET POIRES COCO

POUR 4 PERSONNES

PRÉPARATION : 15 MIN

RÉFRIGÉRATION : 2 H

Ingrédients : 2 poires, 1 mangue, 2 kiwis, 50 cl de lait de coco allégé, 2 c. à soupe d'eau de rose

> Pelez les fruits, coupez-les en cubes, mettez-les dans un saladier avec le lait de coco et l'eau de rose.

> Mélangez délicatement et répartissez dans quatre coupelles. Servez très frais.

SOUPE DE PAMPLEMOUSSE ET LITCHIS À LA ROSE

POUR 4 PERSONNES
PRÉPARATION : 15 MIN
RÉFRIGÉRATION : 2 H

Ingrédients : 20 litchis frais, 2 pamplemousses roses, 2 pamplemousses jaunes, 2 cl de sirop de rose

> Épluchez les litchis, retirez le noyau. Pressez les pamplemousses, recueillez le jus dans un saladier, ajoutez le sirop de rose, mélangez.
> Versez dans quatre verres, répartissez dessus les litchis. Placez au frais en attendant de servir.

SOUPE DE PÊCHES À LA VERVEINE

POUR 4 PERSONNES
PRÉPARATION : 10 MIN
INFUSION : 10 MIN
CUISSON : 10 MIN
RÉFRIGÉRATION : 2 H

Ingrédients : 1 poignée de feuilles de verveine, 4 c. à soupe de miel, ½ citron, 6 pêches blanches

> Mettez les feuilles de verveine dans un grand bol, arrosez-les avec 3 dl d'eau bouillante et laissez infuser 10 minutes, puis passez l'infusion. Versez-la dans une casserole, ajoutez le miel et faites bouillir pendant 10 minutes. Laissez refroidir.

> Pressez le demi-citron, versez le jus dans la casserole. Pelez deux pêches, mixez-les et ajoutez cette purée au sirop.

> Pelez les quatre pêches restantes, coupez-les en lamelles et disposez-les dans quatre coupes. Arrosez-les de sirop. Servez frais.

Mon conseil

Si vous ne trouvez pas de verveine fraîche, vous pouvez utiliser un sachet d'infusion.

SOUPE DE POIRES AUX FRUITS SECS

POUR 4 PERSONNES

PRÉPARATION : 10 MIN

CUISSON : 30 MIN

Ingrédients : 1 citron bio, 2 dl de vin blanc doux, 3 graines de cardamome, 1 bâton de cannelle, 1 feuille de laurier, 4 poires, 4 c. à soupe de fruits secs

> Prélevez le zeste du citron avec un éplucheur.

> Versez le vin blanc dans une grande casserole, ajoutez 2 dl d'eau, le zeste de citron, les graines de cardamome, le bâton de cannelle, la feuille de laurier, portez à ébullition.

> Pelez les poires, coupez-les en quartiers, plongez-les dans le vin, ajoutez les fruits secs, laissez cuire à feu doux pendant 25 minutes.

> Laissez tiédir avant de répartir dans des coupes, après avoir filtré la préparation.

Mon conseil

Ajoutez un peu de miel si vous préférez un goût plus sucré.

SOUPE DE PRUNES AU MIEL ET AU TILLEUL

POUR 4 PERSONNES

PRÉPARATION : 10 MIN

INFUSION : 20 MIN

RÉFRIGÉRATION : 3 H

Ingrédients : 1 grosse poignée de feuilles de tilleul (ou 2 sachets), 20 prunes, 3 c. à soupe de miel

> Versez 50 cl d'eau bouillante sur les feuilles de tilleul, couvrez et laissez infuser pendant 20 minutes. Filtrez et laissez refroidir pendant 2 heures environ.

> Lavez et séchez les prunes, dénoyautez-les.

> Mixez les fruits avec l'infusion au tilleul, puis ajoutez le miel.

> Versez dans des verrines. Servez bien frais.

SOUPE DE RHUBARBE AUX FRAISES

POUR 4 PERSONNES
PRÉPARATION : 20 MIN
CUISSON : 15 MIN
RÉFRIGÉRATION : 2 H

Ingrédients : 1 citron, 500 g de tiges de rhubarbe, 1 gousse de vanille, 4 c. à soupe de miel, 500 g de fraises (mara des bois ou gariguette)

> Faites bouillir de l'eau dans une grande casserole. Pressez le citron.
> Épluchez la rhubarbe, coupez-la en petits tronçons. Mettez-les dans la casserole avec le jus de citron.
> Coupez la gousse de vanille en deux dans le sens de la longueur, grattez les graines avec la pointe d'un couteau, ajoutez-les à la rhubarbe, couvrez et faites cuire pendant 10 à 15 minutes en mélangeant de temps en temps.
> Égouttez la rhubarbe dans une passoire, faites réduire le jus de cuisson de moitié, ajoutez le miel, mélangez bien et laissez refroidir l'ensemble.
> Lavez et équeutez les fraises. Dans un compotier, mélangez délicatement les fraises et la rhubarbe, arrosez avec le jus de cuisson.
> Répartissez la soupe dans quatre grandes verrines. Placez au frais en attendant de servir.

Pour changer

Ajoutez au jus de cuisson refroidi 10 cl de jus d'orange sans sucre ajouté.

SOUPE D'ORANGE À LA FLEUR D'ORANGER

POUR 4 PERSONNES
PRÉPARATION : 20 MIN
RÉFRIGÉRATION : 2 H

Ingrédients : 5 oranges, 1 c. à soupe d'eau de fleur d'oranger, ½ c. à café de cannelle moulue
Topping : 2 branches de menthe

> Épluchez deux oranges, retirez soigneusement les peaux blanches et séparez les suprêmes, mettez-les dans un saladier.

> Pressez les oranges restantes, versez le jus dans le saladier, ajoutez l'eau de fleur d'oranger, la cannelle, mélangez et placez au frais.

> Répartissez dans quatre coupelles, parsemez de feuilles de menthe finement ciselées.

Mon conseil

Si les oranges ne sont pas assez douces, ajoutez un peu de miel ou de sirop d'agave.

SOUPE POMMES ET OIGNONS

POUR 4 PERSONNES
PRÉPARATION : 15 MIN
CUISSON : 15 MIN

Ingrédients : 4 pommes, 2 oignons, 1 c. à soupe de cannelle, 75 cl de bouillon de volaille dégraissé, 1 citron
Topping : 4 branches de persil plat

> Épluchez les pommes, coupez-les en morceaux. Pelez et émincez les oignons.
> Mettez les pommes et les oignons dans une cocotte, ajoutez la cannelle, couvrez de bouillon. Portez à ébullition et faites cuire pendant 15 minutes.
> Mixez, ajoutez le jus de citron. Parsemez de feuilles de persil ciselées.

VELOUTÉ DE FRAISES ET PASTÈQUE AU BASILIC

POUR 4 PERSONNES
PRÉPARATION : 10 MIN
RÉFRIGÉRATION : 2 H

Ingrédients : 400 g de pastèque, 250 g de fraises
Topping : quelques feuilles de basilic

> Pelez et épépinez la pastèque. Rincez rapidement les fraises, épongez-les, équeutez-les.
> Mixez les fruits, mettez-les au frais.
> Au moment de servir, versez le velouté dans des coupelles, décorez de feuilles de basilic.

Pour changer

Remplacez la pastèque par du melon.

VELOUTÉ DE FRAISES SIMPLISSIME

POUR 4 PERSONNES
PRÉPARATION : 10 MIN
RÉFRIGÉRATION : 2 H

Ingrédient : 800 g de fraises mara des bois bien mûres

> Lavez rapidement les fraises sans les laisser tremper, équeutez-les, coupez-les en deux ou quatre.
> Mixez les fraises pour obtenir une fine purée.
> Versez dans quatre verres, placez au réfrigérateur jusqu'au moment de servir.

VELOUTÉ DE FRUITS ROUGES AU THÉ VERT

POUR 4 PERSONNES
PRÉPARATION : 20 MIN
RÉFRIGÉRATION : 2 H

Ingrédients : 500 g de fruits rouges, 1 sachet de thé vert, ½ citron vert, 1 c. à soupe de miel
Topping : quelques feuilles de menthe, quelques fruits rouges

> Réunissez les fruits dans un saladier, gardez-en quelques-uns pour le décor. Faites infuser le thé vert dans 10 cl d'eau chaude avec le miel, filtrez et versez sur les fruits.
> Pressez le demi-citron vert, ajoutez le jus à la préparation. Mixez l'ensemble, mettez au frais.
> Au moment de servir, versez dans des verrines, décorez de feuilles de menthe ciselées et des fruits réservés.

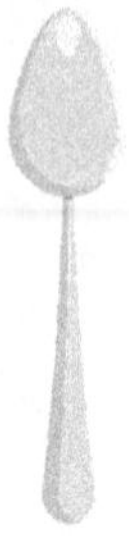

VELOUTÉ DE PASTÈQUE À L'ORANGE, AU MIEL ET À LA MENTHE

POUR 4 PERSONNES
PRÉPARATION : 15 MIN
RÉFRIGÉRATION : 2 H

Ingrédients : 1 orange bio, 1 tranche de pastèque de 400 g, 2 c. à soupe de miel de lavande
Topping : 2 branches de menthe, zestes d'orange râpés

> Râpez le zeste de l'orange, pressez le fruit. Pelez et épépinez la pastèque.
> Mixez la pulpe avec le jus d'orange, le miel et la moitié des zestes d'orange. Placez au frais.
> Au moment de servir, versez dans des coupes, décorez de feuilles de menthe et de zestes d'orange râpés.

INDEX DES RECETTES

LA FRAÎCHEUR

LA CHALEUR

LA DOUCEUR

Achevé d'imprimer en France
par CPI Bussière
À Saint-Amand-Montrond (18)
Dépôt légal : octobre 2018
N° d'impression : 2039117